예수와 함께한 가장 완벽한 하루

A Day with a Perfect Stranger
by David Gregory

Copyright © 2006 by David Gregory
Published by WaterBrook Press
12265 Oracle Blvd., Ste. 200
Colorado Springs, Colorado 80921
A division of Random House, Inc.
All right reserved.

Translated and used by the permission of waterBrook Press
through the arrangement of KCBS Literary Agency, Seoul, Korea

Korea Copyright © 2006 by Poiema, a division of Gimm-Young
Publishers, Inc., Seoul, Korea.

예수와 함께한
가장 완벽한 하루

A Day with a Perfect Stranger

데이비드 그레고리 지음
서소울 옮김

포이에마
POIEMA

예수와 함께한 가장 완벽한 하루
데이비드 그레고리 지음 | 서소울 옮김

1판 1쇄 발행 2006. 9. 18. | **1판 25쇄 발행** 2025. 5. 1. | **발행처** 포이에마 | **발행인** 박강휘 | **등록번호** 제300-2006-190호 | **등록일자** 2006. 10. 16. | 서울특별시 종로구 북촌로 63-3 우편번호 03052 | 마케팅부 02)3668-3260, 편집부 02)730-8648, 팩스 02)745-4827

이 책의 한국어판 저작권은 KCBS Literary Agency를 통하여 WaterBrook Press 사와 독점 계약한 포이에마에 있습니다. 저작권법에 의해 한국 내에서 보호를 받는 저작물이므로 무단 전재와 무단 복제를 금합니다.

값은 뒤표지에 있습니다. ISBN 978-89-958873-7-0 03230 | 독자의견 전화 02)730-8648 | 이메일 masterpiece@poiema.co.kr | 좋은 독자가 좋은 책을 만듭니다. | 포이에마는 독자 여러분의 의견에 항상 귀를 기울이고 있습니다.

 **차례**

들어가기 전에 예수와의 저녁식사에 초대합니다! _06

내 남편이 이상해졌다 _11
하나님이 곧 종교 아닌가요? _24
예수는 뛰어난 화술가 _32
저는 종교가 정말 싫습니다 _44
가정을 지키는 방법 _57
신이 있다는 걸 증명해보세요 _71
하나님 없이도 만족스러울 수 있어요! _88
하나님 목소리에 귀 기울이기 _106
내가 알던 기독교 _121
이제 어떻게 해야 하죠? _136

덧붙이는 글 1 목욕물을 버리다 아이까지 버리지 말라 _148
덧붙이는 글 2 당신이 믿는 그런 하나님이라면 안 믿겠어요! _156
부록 믿음을 구하는 이들을 위한 그룹 토론 가이드 _166
옮긴이의 말 예수, 카운슬러로 돌아오다 _174

들어가기 전에
예수와의 저녁식사에 초대합니다!

하루 열두 시간 넘는 근무 시간으로 가족들의 원성은 커지고, 자신의 꿈과 삶의 목적마저 잊은 채 살아가는 평범한 샐러리맨 닉. 어느 날 닉은 각종 신용카드 청구서와 광고 전단지 사이에 끼어온 정체 모를 한 통의 초대장을 발견한다.

> 나사렛 예수와의 만찬에
> 당신을 초대합니다.
>
> 밀라노 레스토랑
> 3월 24일 화요일 저녁 8시

느닷없는 저녁식사 초대장. 게다가 예수와의 만찬이

라니!

 닉은 이 당황스런 초대장을 보며 여러 가지 가능성을 생각해본다. 동네 교회의 새로운 전도 방식일까? 교회에 다니는 친구 부부가 저녁식사에 초대한 걸까? 아니면, 짓궂은 친구들이 술 한 잔 하자고 장난을 치는 걸까? '아하!' 곰곰이 생각하던 닉은 회사 동료들의 장난일 거라고 확신한다. 그리고 시치미를 뚝 떼고 장난을 받아쳐주다가 하룻밤 재미있게 놀아보자고 작정한다. (하나 마음에 걸리는 것이 있다면, 세 살배기 딸 사라 보랴, 집안일 하랴, 재택근무로 하고 있는 컴퓨터 그래픽 일 하랴, 아등바등하고 있는 아내 매티에게 뭐라고 핑계를 대고 늦게 들어가느냐 하는 것이었다.)

 하지만 이런 좋은 기회를 놓칠 수는 없었다! 닉은 약속 시간에 맞춰 밀라노 레스토랑에 도착한다. 하지만 그곳에서 닉을 기다리는 사람은 친구도, 회사 동료도 아닌, 말끔하게 차려입은 한 낯선 남자였다. 게다가 그는 이렇게 인사했다.

 "안녕하세요, 예수입니다."

 세상에! "남편이 있으면 뭘 해? 이럴 거면 혼자 사는 게 낫지!" 귀가 따갑게 들리는 매티의 불평을 뒤로 하고 선택한 하룻밤 이벤트에 웬 낯선 남자가 나타나 자신이 '예수'라고 인사하다니!

"당신이 정말로 예수라면, 이 와인을 물로 바꿀 수 있소?"

종교를 허풍 치는 광고 전단지처럼 여기던 닉은 평소에 품고 있던 기독교에 대한 의문들을 '예수'라고 주장하는 남자에게 대놓고 따져 묻기 시작한다.

예수가 옳다고 누가 증명할 수 있소? 인간이 다 같은 죄인이라면 마더 테레사와 히틀러는 모두 똑같은 죄인이오? 전쟁과 기아, 환경의 파괴를 하나님은 왜 지켜보고만 있는 거죠? 성경은 정말 믿을 만한 거요? 왜 기독교는 그토록 이전투구를 벌이고 있죠? 나한테 닥친 불행까지도 모두 하나님의 뜻이라고요?

이 온갖 화제를 날씨 얘기하듯 대수롭지 않게 이어나가는 '예수'. 자신만만하고 냉소적이던 닉은 대화가 진행될수록 자신의 좌절된 소망과 종교에 관한 불신과 의문, 신에 대한 분노를 정면으로 맞닥뜨리게 된다. 식사가 끝나갈 무렵 닉은 겉으로는 성공한 듯 보이지만,

내면은 불안하기만 한 현재의 삶을 지속할지, 아니면 이 낯선 남자와의 저녁식사 동안 얻은 깨달음으로 자신의 인생에 새로운 전환을 맞이할지 결정해야 할 기로에 서게 된다.

> 볼지어다. 내가 문 밖에 서서 두드리노니
> 누구든지 내 음성을 듣고 문을 열면
> 내가 그에게로 들어가 그로 더불어 먹고
> 그는 나로 더불어 먹으리라.
> -요한계시록 3장 20절

예수와 저녁식사를 함께한 닉의 일상에는 그 후 어떤 일이 일어났을까?

내 남편이 이상해졌다

내가 가족과 잠시라도 떨어지게 된 것에 쾌재를 부르는 그런 여자가 될 줄이야. 남편과 아이를 나 몰라라 팽개치고 싶은 마음은 딱히 아니었다. 며칠 바깥바람을 쐴 수 있다는 사실만으로 기뻤다. 물론, 아이만 아니었다면, 단 며칠이 아니라 더 길어져도 상관이 없었을 것이다.

어쩌면 이런 기회를 마다하기보다 두 팔 벌려 환영하는 것이 당연했다. 중대 사건이 있으면 보통 그러지 않는가. 더구나 지금 우리 집은 그런 사건이 벌어지고 있었다.

몇 주 전 남편 닉이 예수를 만났다고 말했다. 흔히 말하는

'예수를 만나 구원받았다'는 정신적인 만남이 아니라, 글자 그대로 '만났다'는 것이다. 그것도 이 동네에 있는 이탈리안 레스토랑에서.

처음에는 당연히 우스갯소리려니 했다. 그런데 농담이 아니었다. 그래서 나는 닉이 헛것을 본 것이라고 생각했다. 회사에서 매일 열두 시간이 넘도록 일하느라 늘 수면 부족 상태였으니, 환영을 봤다고 해도 이상할 것이 없었다. 그런데 닉은 자신의 얘기가 사실이라고 부득부득 우겼고, 나는 그만 어찌해야 할지 난감해지기 시작했다.

내가 아는 건, 닉이 예수와 저녁식사를 했다고 굳게 믿고 있다는 것, 그래서 하루아침에 시쳇말로 '예수쟁이'로 돌변했다는 것뿐이다. 일에 파묻혀서 얼굴 마주할 시간도 없었던 그 전이 차라리 나았다. 이제는 같이 앉아 있을라치면 예수 얘기뿐이다. 그때까지 내 머릿속에 그려왔던 '죽음이 우리를 갈라놓을 때까지' 서로를 사랑하는 결혼 생활은 정말 이런 그림이 아니었다.

하나님이 끼어들지 않아도 우리 사이에는 가뜩이나 부자연스런 공기가 흐르고 있었다. 하지만 이젠 마치 누군가 진짜 닉을 납치해가고, 종교쟁이 가짜 닉을 대신 데려다놓은 기분이었다. 지금까지 우리는 그런대로 행복한 결혼 생활을 열심히 꾸려왔다. 그랬는데…… 죽었다 깨나도 교회라면 주차장이라도 이용하지 않을 위인이 예수와 단짝 친구가 된 것이다.

내가 종교를 반대하는 것은 아니다. 누구든 자기가 믿고 싶은 것을 믿을 권리가 있다. 다만 내 경우엔 어려서부터 지금까지 종교를 가진 적이 없었을 뿐이다. 내가 결혼한 사람도 종교를 가진 사람이 아니었다. 나는 단지 앞으로도 죽 이대로 살고 싶을 뿐이다.

나흘간 닉과 떨어져 있게 된 것에 숨통이 트이는 기분이 든 것은 이 때문이었다. 겨우 세 살배기 딸 사라를 떼어놓는 건 정말 내키지 않았다. 물론 여느 엄마처럼 모처럼 찾아온 여행 기회에 가슴이 설레지 않는 건 아니었지만, 이틀 이상 사라와 떨어져본 적이 없었고, 그런 때조차도 이틀째에는 아이가 눈에 밟혀 참을 수가 없었다. 사라 곁에 친정 엄마를 불러다놓고도 그랬다. 최소한 엄마는 믿을 수가 있었음에도 말이다. 닉에게 사라를 맡겼다가는 무슨 일이 일어날지 알 수 없었다. 빵점 아빠란 것은 아니다. 그나마 집에 있을 때는 반드시 휴대폰을 꺼두었다.

하지만 이번 여행은 꼭 가야만 했다. 고객이 턱산 근처에 리조트 호텔을 지으며 새 브로슈어 디자인을 의뢰해왔다. 그쪽 담당자가 직접 와서 리조트를 둘러봐달라고 극구 부탁한 것이다. 리조트의 진수를 제대로 담아내려면 몸소 체험해봐야 한다는 말에 승락했지만, 잘 하면 공짜 마사지를 받을 수도 있을 것이다.

내가 집에서 하고 있는 그래픽 디자인 일로 출장을 가야 했던 적은 거의 없었다. 이 점이 육아와 일을 병행하는 나로서는 더없이 좋은 여건이었다. 신시내티로 이사 온 후 조금씩 키워온 이 사업은 대부분 이 지역을 벗어나지 않았다. 가끔 시카고를 다녀오긴 했지만, 예전 거래처들은 대부분 온라인으로 일처리가 가능했다. 그렇지만 이번 디자인 건은 6년이나 거래해온 큰 의뢰처여서 딱 잘라 안 된다는 말이 쉽게 떨어지지 않았다.

출장은 길어야 이틀. 당일치기로 갔다올 수 있는 거리였지만, 신시내티에서 턱산으로 가는 직행 노선이 없어서 달라스를 거쳐 환승하는 비행기를 예약했다. 그래서 이동하는 시간만 꼬박 이틀이 걸리게 됐다.

내 인생 중 이틀을 비행기에서 보내지 않을 방법은 결국 머리에서 나오지 않았다. 그렇지 않아도 비행기 여행이라면 질색이었다. 차라리 대충 짐을 챙겨 뒷좌석에 던져넣고, 차를 타고 휭하니 떠나는 편이 낫다. 그러면 줄을 설 일도, 가방 수색을 당할 일도, 말라 비틀어진 프레츨로 배를 채울 일도 없을 것이다. 그뿐이랴. 나를 한쪽에 세워놓고 팔을 벌리게 한 후 전자봉으로 온몸을 훑는 사람도 없을 것이다. 왜 항상 나한테서만 '삐' 소리가 나는 걸까?

엎친 데 덮친 격으로 오늘 아침 컨디션까지 영 엉망이었다. 빈속으로 비행기를 타는 것이 결코 좋을 리 없다는 건 알지만, 입맛이 없었다. 이제는 기내에서 맛없는 점심조차 제공되지 않는다. 하지만 정 못 참겠으면 간식거리를 사 먹으면 된다.

집을 나서기 전에 나는 메모를 써서 부엌 조리대 위에 올려놓았다.

> 닉,
> 혹시 잊어버렸을 것 같아서 말하는데, 사라 잠옷은 제일 위 서랍에 있어. 까먹었을 거야. 올해 들어 한 번도 사라를 재운 적이 없었으니까. 사라 칫솔은 화장실 왼쪽 서랍에 들어 있어. 아침에 먹을 주스랑 오트밀, 시리얼 충분히 사뒀어. 그리고 사라는 토스트랑 젤리를 좋아해. 냉장고에 보면 사라가 좋아하는 마카로니 찜도 있고, 냉동 야채도 좀 있어. 그거 떨어지면 치킨 샐러드 사줘. 학부모 동화구연 시간이 내일 10시 도서관에서 있으니까 잊지 말고 가도록 해.
> 사라 일로 물어볼 게 있으면 휴대폰으로 언제든지 전화해.
> 당신은 예수님과 즐거운 시간 보내길 바랄게.
>   매티가

나는 닉이 데려다주겠다는 걸 거절하고 공항까지 직접 차를 몰고 갔다. 닉이 최근 성경책에서 새로 발견한 사실을 떠

드는 걸 듣느니 혼자 가는 편이 나았다. 닉은 요즘 성경과 기독교 라디오 방송에 심취해 있다. 옆에 앉아 그런 얘길 듣는 건 죽도록 싫었다. 차를 주차하고, 공항 터미널로 들어섰다. 예수 얘기 대신 가벼운 음악을 들었더니 마음이 한결 편안해졌다.

웬일로 특별히 몸수색을 당하지 않고 곧장 검색대를 통과해 게이트로 갈 수 있었다. 게이트 입구에 도착해서 비행기에 가지고 탈 짐을 의자 옆에 두고 앉아 탑승권을 훑어보았다. 그럼 그렇지. E번 좌석이면 가운데로군. 진작에 예약만 했어도 좋은 좌석을 맡았을 텐데……. 비행기 뒷편의 복도 쪽 좌석과 바꿀 수 있을지도 몰라.

잠시 후 게이트에 서 있던 항공사 직원이 마이크를 들고 탑승 안내를 했다.

"신사 숙녀 여러분, 저희 달라스행 비행기는 만석입니다. 출발이 지연되지 않도록 신속히 개인 소지품을 수납하시고, 좌석에 앉아주시길 바랍니다."

바꿔 앉기는 글렀군.

그리고 그 안내원은 200달러짜리 항공권 교환증 두 장을 받는 대신 4시간 후에 비행기 탈 사람을 찾았다. 아무도 나서는 사람이 없자 쿠폰 값이 300달러로 올라갔다. 내가 앞으로 나섰다. 다음 비행기에는 복도 쪽 좌석이 있을지도 몰라.

"그럼 턱산에 언제 떨어지게 될까요?"

안내원은 연결 항공편을 살펴보았다.

"밤 10시 22분에요."

거의 10시 30분이네. 내려서 호텔까지 셔틀버스 타고 가면 11시가 넘잖아.

나는 그냥 지금 가기로 했다. 그렇지 않으면 내일 너무 피곤할 것이다.

특실 여행객의 탑승을 알리는 안내가 나왔을 때 나는 닉에게 깜박 잊고 하지 않은 말이 생각났다. 휴대폰을 꺼내서 사무실로 전화를 걸었다. 닉이 전화를 받았다.

"여보, 여기 지금 공항이야."

"응. 잘 갔어?"

"깜박 잊고 말 안 했는데, 로라가 5시 30분까지 사라를 데리고 있기로 했어. 크리스랑 와이에 있는 수영장에 간다고 했어."

"알았어. 오늘 좀 일찍 가서 저녁 해놓으려고."

"뭐? 당신이 요리를 한단 말야?"

"응. 미트볼 스파게티 만들 재료 살 거야."

"웬일이야? 기적의 연속이네. 저기, 그만 끊어야겠다. 비행기 타야 돼."

"오늘밤에 전화할 거지?"

"봐서. 녹초가 돼 있을지도 몰라."

"그래, 그럼 여행 잘 하고. 사랑해."

"그래, 잘 있어."

나는 핸드백과 여행가방을 들고 탑승줄로 가서 섰다. 비행기로 연결된 이동식 통로로 걸음을 옮겼다. 비행기에 이미 탄 사람들이 짐을 어디에 둘 것인지 정하는 동안 또 한참을 비행기 입구에서 기다렸다. 내가 앉을 줄에 겨우 다다랐을 때 머리맡 짐칸에는 핸드백까지는 안 되고, 여행가방만 넣을 수 있는 공간이 남아 있었다. 가방을 올려놓고, 왼쪽으로 놓인 좌석을 바라보았다. 내 양쪽 자리에는 이미 사람들이 앉아 있었다. 남자 둘. 복도 많지. 앞으로 두 시간 반 동안 두 남자 사이에 끼여 있게 생겼군. 아담한 여자 두 명 사이에 끼워주면 얼마나 좋아? 복도 쪽 남자가 내가 지나갈 수 있도록 자기 자리에서 나왔다. 나는 가운데 자리에 비집고 앉으며, 양쪽 팔걸이에 팔을 닿지 않도록 했다. 팔걸이는 늘 남자들 차지다.

나는 몸을 숙여서 내 앞쪽 좌석 밑에 핸드백을 밀어넣고, 다시 어깨를 의자 안으로 끼워넣었다. 정말 즐거운 여행이 되겠군.

기내 온도까지 도와주질 않았다. 나는 손을 뻗어 환풍기를 열었다. 그러자 다소 숨통이 트였다. 다시 등을 의자에 기대고 앞만 바라보았다.

읽을거리를 가져오지 않다니, 도대체 무슨 생각을 하고 있었담? 공항 서점에 잠깐 들러 소설이라도 사올걸. 잠시나마 정신 팔 거리라도 있으면 견디기가 훨씬 좋았을 텐데.

앞좌석 뒤쪽 등받이에 붙은 주머니를 흘긋 보았다. 누군가 잡지라도 놓고 갔을지 몰라. 하지만 고르고 말고 할 것도 없었다. 도대체 누가 살까 싶은 기계 장치들을 광고하는 항공사 월간지 〈스카이몰〉과 이 비행기가 미시시피 강에 불시착했을 때 좌석을 어떻게 비상 부유장치로 사용하는지에 대한 설명서가 전부였다. 항공사 월간지를 뽑아들고, 어느 스페인 해변에서의 생활에 대한 기사를 읽기 시작했다. 저택은 으리으리하고, 백사장은 눈부시고, 바닷물은 투명하기 그지

없고, 절벽은 장관이었다. 누굴 바보로 아나? 이런 데 사는 사람이 세상에 몇이나 된다고.

바로 그때 휴대폰이 울렸다. 몸을 오그려 앞쪽으로 숙인 다음 핸드백에서 전화를 찾았다. 벨이 네 번째 울렸을 때야 겨우 받았다.

"여보세요?"

"이봐, 여행자, 어디야?"

여동생 줄리였다.

"막 비행기 탔어. 아직 이륙 전이야."

"사라는 누구한테 맡긴 거야? 내가 도와주지 않아도 돼?"

"이론상으로는 봐줄 사람이 있어. 네 형부가 실제로 얼마나 잘 데리고 있었는지는 갔다 와서 보면 알겠지."

"먹는 거는?"

"자기가 직접 만들어줄 거라던데."

전화 저편에서 웃음소리가 들렸다.

"형부가? 요리를?"

"누가 아니래니."

"형부, 현실로 돌아온 거야? 아직 꿈속이야?"

"아직 꿈속이야. 예수인지 뭔지에 넋이 완전히 나갔어."

"어떻게 할 거야?"

"잘 모르겠어."

나는 다음 말을 머뭇거렸다.

"오늘 변호사와 통화해서 다음 주에 약속을 잡았어."

"언니! 정말이야?"

"나도 몰라. 너무 성급한 건지 모르지만, 이 이상은 참을 수 없을 것 같아. 닉이 종교를 갖게 되기 전부터 이미 안 좋았어. 이런 일까지 생겨버리니 이겨낼 방법이 없어."

"그래도 요즘은 전보다 언니랑 사라랑 보내는 시간이 많아진 줄 알았는데."

"그건 그런데, 이젠 같이 있어주는 게 좋은 건지도 모르겠어. 머릿속이 뒤죽박죽이야."

"다시 상담을 받아보는 건 어때? 지난번에 그 사람 말고."

"뭐 하러. 뭐 얼마나 도움이 됐다고. 게다가 이번엔 문제가 다르잖아. 일중독도 아니고. 종교 문제에선 좀처럼 타협점이 안 보여."

줄리와 좀더 얘기하고 싶었지만, 안내방송이 들렸다.

"끊어야겠다. 휴대폰 꺼래. 오늘밤에 전화해도 되니? 너한테 할 얘기가 있어."

"글쎄, 집에 없을지도 모르는데."

"줄리, 클럽에 가는 거 오늘 한 번만 참아. 듣기 싫겠지만."

승무원 중 한 명이 옆을 지나가면서 눈짓을 했다.

"이따 밤에 전화할게. 있을 거지?"

"알았어."

나는 휴대폰 전원을 끄고 가방에 넣고는 의자에 등을 기대고 눈을 감았다. 닉과 내가 5년을 못 넘기다니 믿을 수가 없어.

비행기는 활주로를 미끄러지며 공중으로 날아올랐다.

하나님이 곧 종교 아닌가요?

"남편분이 옳을지도 모른다는 가능성은 생각해보셨나요?"

창가 쪽에 앉은 오른쪽 남자가 〈월스트리트 저널〉을 접더니 내 쪽으로 살짝 몸을 돌렸다. 출장 가는 전형적인 비즈니스맨이었다. 나이는 서른다섯 정도 돼 보였고, 파란색 양복 안에 하늘색 셔츠를 입고, 패턴이 들어간 붉은색 넥타이를 매고 있었다. 보통 체격에 다갈색 머릿결이 말쑥했다.

"뭐라고요?"

"엿들으려던 건 아니었습니다만, 남편분이 옳을 수도 있다는 생각은 안 해보셨나요?"

나는 믿기지 않는다는 눈으로 남자를 뚫어져라 쳐다보았다. 생판 모르는 남이 내 사적인 일에 참견하다니 황당했다.

"옳다니, 뭐가요?"

"하나님이요. 예수에 대해서요."

"무슨 말씀을 하시는 거죠?"

"다시 말씀드리지만, 일부러 엿들은 것은 아니었습니다. 듣자니, 남편분께서 하나님을 찾으신 것 같아서요."

엿들은 것 맞구만. 그걸로 모자라 내 신경을 건드리고 있는 건가.

"내 남편이 찾은 것이 있다면 가족을 떼버리고 자기 하고 싶은 것을 할 새로운 핑곗거리겠죠. 그리고 이렇게 말해서 죄송한데, 이건 그쪽이 상관할 바가 아니잖아요."

나는 다시 등을 의자에 붙이고 정면을 바라보았다. 남자도 몸을 살짝 틀어 역시 앞쪽을 바라보는 것이 느껴졌다. 둘 다 입을 꾹 다물었다. 이렇게 불편할 수가. 비행기에서 누군가와 이런 일은 없었는데. 주제넘게 나서다니 기가 막혀서.

그는 무릎에서 신문을 집어 나에게 내밀었다.

"뭔가 읽을 것을 찾고 있는 것 같아서요. 제 신문이라도 읽으실래요?"

"아뇨."

나는 거절했다.

"어쨌든 고맙습니다."

그는 신문 한 장을 무릎에 내려놓고, 3면을 펼쳤다. 나는 다시 항공사 월간지를 펼쳤다. 남자가 이내 신문을 도로 내려놓는 것이 보였다.

"괜찮다면 한 가지 더 여쭤봐도 될까요?"

남자가 질문했다.

나는 잡지를 덮으면서 읽던 페이지에 손가락을 끼웠다.

"아뇨, 안 될 것 같은데요."

예의를 벗어나지 않으려고 안간힘을 쓰며 대답을 내뱉었다. 나중에 후회하겠지. 그럴 거야.

"하나님을 개인적으로 만나는 것에 대해 생각해보셨어요?"

"아니요."

목소리에 되도록 감정을 싣지 않았다.

"종교에 별로 관심이 없어서요."

"종교를 말하는 것이 아닙니다. 인간적인 관계를 말하는 겁니다."

"하나님을 말씀하시는 거잖아요. 그게 종교 아닌가요?"

"하나님을 개인적으로 알게 되는 경험을 말하는 거예요."

"아, 네. 어쨌든요."

나는 잡지를 다시 펼쳤다.

"하나님이 있다고 믿으세요?"

남자가 물었다.

"아뇨."

내 머리가 잡지 안으로 좀더 깊숙이 숨어들었다. 당신한테 화내기 싫어.

"하나님이 존재한다고 생각하지 않으세요?"

"누가 알겠어요."

"존재한다고 가정해보면, 우린 지금 종교가 아니라 현실을 얘기하고 있는 거겠네요?"

나는 얼굴을 들어 남자를 쳐다보았다.

"아까 말했듯이, 하나님과 관련 있는 것은 그게 무엇이든 종교예요. 그리고 종교와 관련 있는 것은 무엇이 됐든 듣고 싶지 않습니다."

그는 두 손을 모아 깍지를 끼고는 잠깐 손을 내려다본 다음 나를 돌아보았다.

"좋습니다. 그럼 한 가지 여쭤볼게요. 오늘밤에 본인이 죽는다면 그 다음에 어디로 갈지 아세요?"

"몰라요!"

내 앞줄에 앉은 두 사람이 화들짝 놀라서 반사적으로 나를 바라보았다.

"모른다구요. 어디로 갈 거라는 생각도 안 하고, 그런 건 잘 알지도 못해요. 죽고 나서 어떻게 될지는 걱정 안 해요. 지금 인생을 잘 살아가기에도 힘에 부치는 사람이라구요."

나는 잡지를 얼굴에 바짝 들이대고, 몸을 남자의 반대쪽으로 틀었다.

"압니다."

집요한 남자였다.

"전 다만 결혼 생활을 그냥 포기하시려는 게 보기 안타까워서요. 만약 본인 스스로가……"

나는 잡지를 무릎 위에 내동댕이치면서 그를 똑바로 응시했다.

"그쪽이 나와 내 결혼 생활, 내 인생에 대해 뭘 알아요! 뭘 얼마나 알길래 듣기 싫다는데 억지로 자기 생각을 강요해요! 하나님 애긴 더는 조금도 듣고 싶지 않아요. 이 여행에서만큼은 거기서 벗어나고 싶었다구요!"

"하나님도 남편분 삶의 일부 아닌가요?"

남자는 물었다.

"내 삶의 일부는 아니잖아요."

나는 남자의 말이 채 끝나기도 전에 사납게 쏘아붙였다.

"그건 내가 되고 싶은 내 모습도, 내가 만들고 싶은 내 가족의 모습도 아니에요. 그런데 남편이 그런 사람이 되고 싶어한다면, 좋다구요. 나 없이 혼자 얼마든지 할 수 있잖아요."

나는 내 자리에서 일어났다.

"실례할게요."

복도 쪽에 있던 남자가 자리에서 일어나 지나가도록 길을 내주었다. 근처에 앉은 사람들 몇 명이 나를 빤히 올려다보았다. 나는 비행기 뒤쪽으로 걸어갔다. 화장실 두 곳 모두 사용 중이었고, 여자 한 명이 차례를 기다리고 있는 듯했다. 나는 팔짱을 낀 채 씩씩거렸다.

저 남자의 말을 받아주다니 내가 미쳤지. 그럴 거면 차라리 닉을 데리고 왔지. 어떻게 나한테 그 따위 말을 할 수 있지? 종교 싫어한다고 그렇게 말했으면 알아들어야 하는 거 아냐! 거기다가 내 결혼 생활에 대해 자기가 뭐라고 간섭이야.

남자아이가 화장실에서 나오고, 여자가 들어갔다.

이제 어쩐다? 남은 시간 동안 여기 서 있을 순 없어. 그렇다고 저 남자 옆에 다시 앉긴 싫은데. 나는 시계를 봤다. 달라스까지 한 시간 반이나 남아 있었다.

나는 이리저리로 머리를 굴렸다. 이제 와서 누구에게 자리를 바꿔달라고 할 순 없었다. 승무원을 찾아 주위를 두리번거렸다. 승무원 두 명이 객실 앞쪽에서 스낵과 음료를 접대하기 시작했다. 흥분을 가라앉히려면 뱃속부터 좀 채워야지. 또 다른 화장실에서 남자가 나왔고, 내가 들어갔다. 그냥 내 자리로 돌아가서 잡지를 읽자. 무시해버리면 돼. 설마 계속 말을 시키진 않겠지.

나는 가능한 한 시선을 끌지 않으려고 애쓰면서 내 자리로 돌아왔다.

"저기요……."

내가 앉자 창가 남자가 다시 말을 걸었다.

"기분 나빴다면 죄송합니다. 저는 다만……."

"그러셔야죠."

나는 사무적인 투로 말했다.
"여기서 그만 하죠."
"알겠습니다. 남은 시간 편안히 가시길 바랍니다."
"그럴게요."
나는 눈을 감았고, 다행히 남자도 눈을 감았다.

예수는 뛰어난 화술가

 눈이 떠진 것은 약 2분이 지난 후였다. 아이의 웃음소리가 들려 눈을 떴더니 네 살쯤 된 남자아이가 바로 앞줄 좌석 사이로 얼굴을 감추었다가 다시 고개를 내밀곤 내 왼편, 복도 쪽에 앉은 남자를 바라보곤 했다. 머리를 빼꼼히 내밀어 우스꽝스런 얼굴 표정을 만들더니 키득거리곤 의자 너머로 숨는 장난을 반복했다. 소년이 세 번째로 나타났을 때 나는 내 왼쪽의 남자에게 시선을 돌렸다. 그 사람도 아이를 향해 웃기는 표정을 짓고 있었다.
 이 놀이를 얼마간 하더니 아이는 이번에는 장난감 소방차를 손에 들고 의자 뒤에서 튀어나왔다.

"내 트럭 갖고 놀고 싶어요?"

꼬마가 남자에게 말했다.

"그럼. 소방차 정말 멋진데. 그걸로 불을 몇 번이나 껐어?"

"나도 몰라요. 백 번쯤."

아이는 장난감 트럭을 등받이 위에서 팔이 닿는 아래쪽까지 굴리며 바퀴 소리를 냈다. 갑자기 다시 사라지는가 싶더니 장난감 차를 하나 더 갖고 튀어나왔다.

"내 경찰차 갖고 놀고 싶어요?"

"물론이지."

아이는 팔을 죽 펴서 경찰차를 내밀었고, 남자는 그걸 받아 들었다. 둘은 의자 등받이 위아래로 차를 굴리며 '부릉' 소리를 냈다. 경찰차와 트럭을 정면으로 충돌시킬 듯한 시늉을 하더니, 마지막 순간에 아슬아슬하게 피해서 지나갔다.

"아저씨 차, 문이랑 트렁크 열려요."

소년이 알려주었다.

"그래? 어디 볼까."

남자는 문을 하나씩 열어보았다.

"트렁크에는 무엇을 넣어?"

"나쁜 사람들."

"그렇구나. 여긴 좀 답답하지 않을까?"

"괜찮아요. 경찰서에 가면 꺼내주니까."

두 사람은 그렇게 몇 분을 더 놀았고, 승무원들이 음료와 프레츨(그럼 그렇지)을 갖고 우리 자리에 다다르자 끝이 났다. 나는 크랜애플 주스를 주문했고, 복도 쪽 남자는 오렌지 주스를 주문했다. 창가 쪽 남자는 조느라 기회를 놓쳐버렸다. 먹든지 말든지 나야 아무래도 좋았다. 승무원은 얼음을 넣은 컵을 건넸고, 이어 크랜애플 캔을 내밀었다. 복도 쪽 남자가 대신 받아서 건네주었다.

"고마워요."

"아닙니다."

그는 주스를 땄다. 나도 주스를 따서 얼음이 든 컵에 부었다. 그러고 보니 남자는 우리 사이에 있는 팔걸이를 사용하지 않고 있었다. 이런 남자는 처음인걸. 나는 먼저 차지해야겠다 싶어 팔꿈치를 그 위에 슬쩍 들이댔다.

"어디 가세요?"

남자가 물었다.

"턱산이요."

"출장이에요? 아님, 놀러 가세요?"

"둘 다면 좋겠는데. 새로 지었다는 리조트 호텔이 있어서 어떤지 보러 가는 거예요. 사진도 좀 찍을 겸 해서요. 괜찮은 스파도 있다고 하네요."

"사진작가세요?"

나는 웃음이 나왔다.

"아뇨. 전혀요. 그래픽 디자이너예요. 부업으로 하고 있죠. 그 외는 애기 엄마구요."

"일이 두 가지인 셈이네요."

"그런 셈이죠. 아이들을 잘 다루시던데요."

"너무 좋아하거든요."

"아이 있으세요?"

남자는 나와 같은 30대 초반 정도로 보였기 때문에 아이가 한두 명 있을 것 같았다.

"혈육은 없어요."

자식이 없다는 걸 독특하게 표현한다고 생각했다.

"아이가 몇 명 있으세요?"

이번엔 남자가 물었다.

"하나예요. 딸 아이. 세 살이에요."

"한창 예쁘겠군요."

내 얼굴에 웃음이 번졌다.

"네. 벌써 말을 완전한 문장으로 만들어서 하고 있어요. 대단한 수다쟁이가 되려나 봐요. 어제는 같이 차를 타고 가면서 생일 얘기를 했는데, '엄마, 내 생일날에는 공룡 케이크 만들어주실래요?' 하는 거예요."

그는 재미있다는 듯이 키득거렸다.

"아이들은 왜 그렇게 공룡을 좋아하는지, 정말 귀여워요. 공룡은 마치 아이들의 상상력을 위해 특별히 만들어진 존재 같아요. 사라 아빠는 시카고에 있는 자연사박물관에 어서 빨리 데려가고 싶어 난리예요. 남자아이들이 좋아하는 건데, 우리 사라도 가면 좋아할 것 같아요. 몇 년 더 있다가 가야죠."

나는 프레즐 봉치를 뜯어 하나를 입에 넣었다. 왜 내가 이런 걸 먹고 있담?

복도 쪽 남자가 다시 말을 꺼냈다.

"아까 옆에 앉은 승객분과 불편한 대화를 나누신 것 같은데, 괜찮으세요?"

그는 창가 쪽 남자를 향해 고개를 끄덕였다.

"아, 괜찮아질 거예요. 제 신경이 지금 좀 예민한가 봐요."

"그럴 만도 하시죠."

그는 주스를 한 모금 마시고는 프레츨 봉지를 열었다. 나는 방금 남자의 말이 내 결혼 생활을 두고 하는 말이려니 짐작했다. 우리 자리에서 다섯 줄 이내에 앉은 모든 사람들이 내 결혼 생활에 문제가 있음을 알고 있을 것이었다.

"결혼 하셨어요?"

내가 남자에게 물었다.

"아뇨, 정확히 말하면 안 했습니다."

"약혼?"

"뭐 그런 셈이죠. 말하자면."

"날은 잡으셨어요?"

"언제라고 발표한 날은 없어요."

약혼한 셈이라니? 결혼식 날짜도 안 잡혔고? 도대체 무슨 약혼이길래?

"두 분은 만나신 지 오래 되셨어요?"

"사람의 시간 개념에 따라 다르겠지만, 네, 상당히 오래

됐지요."

나는 남은 프레츨을 내 앞 등받이에 달린 주머니에 쑤셔넣고, 음료수를 한 모금 마셨다.

"결혼해서 산다는 게 한 치 앞을 알 수가 없나 봐요."

내가 말하면서도 남자더러 들으라고 하는 말인지, 혼잣말인지 나도 분간이 되지 않았다.

"어째서죠?"

"음…… 결혼에 문제가 생길 거라고 예상하는 사람은 없잖아요. 제 말은, 어떤 문제가 있을 거라는 건 모두가 알지만, 예상치 않은……."

나는 말꼬리를 흐렸다. 오른쪽 남자에게는 남의 개인사에 참견이 지나치다고 소리쳤던 내가 지금 왼쪽 남자에게는 내 얘기를 쏟아내려 하고 있었다. 그도 그럴 것이, 이 남자는

좀전의 남자처럼 멋대로 판단하지 않았다. 그래도 나는 여전히 지금의 복잡한 내 상황에 대한 얘길 건드리고 싶은 건지는 망설여졌다. 언제 봤다고……. 창가 쪽 남자와 마찬가지로 생판 남이 아닌가. 그렇지만 낯선 사람에게 얘기하는 게 더 마음 편할 때가 있다. 사람들이 바텐더에게 속 이야기를 털어놓는 이유도 바로 이런 게 아닐까? 그 사람들은 안전하니까. 우리가 하는 얘기를 들어줄 뿐, 의견을 구하지 않는 한 주제넘게 나서지 않으니까. 속으로야 어떤 생각을 할진 몰라도 최소한 그렇다고 알고들 있지 않은가.

나는 내 생각의 꼬리, 아니 계속해서 일어나는 의문의 꼬리를 붙잡아보기로 했다.

"왜 남자들은 결혼하고 나면 변해요?"

"어떤 의미로 하시는 말씀인지?"

"아니…… 결혼한 적은 없으시지만 같은 남자잖아요."

"그렇다고 할 수 있죠."

"그리고 전에 누굴 사귀어본 적도 있으실 거 아니에요."

결혼할 여자도 있고, 외모도 준수한 편이니까.

"만나는 사람이 없었던 적이 없었죠."

사람 다시 봐야겠군. 그 정도로 미남은 아닌 거 같은데.

"남자들은 도대체 왜 그래요? 결혼하자고 매달릴 때는 언제고, 일단 바라던 것을 손에 넣으면, 처음 본 모습이 온데간데없어지잖아요."

"여자들은 그렇지 않구요?"

"여자도 그렇긴 하지만, 우린 달라요. 남자들하곤…… 달라요. 180도로 바뀌진 않으니까요."

"지금 남편분이 그런 것 같으세요?"

"네, 정말로요. 그이가 처음 만났을 때의 그 사람으로 돌아왔으면 소원이 없겠어요."

"그때는 어떠셨는데요?"

어떻게 된 건지, 그의 질문은 내 대답이 정말로 중요하다는 듯한 느낌을 주었다.

"날 위해 시간을 내주었어요. 그때는 대학원에 들어가기 직전이라 정신없이 바빴는데도, 빠듯한 시간을 쪼개 많은 시간을 같이 있어줬어요. 몸만 같이 있고 마음은 딴 데 있는 게 아니라 정말로 곁에 있다는 느낌이었죠. 지금 같지 않았어요."

"지금은 어떤데요?"

"결혼하고 나더니 딴판으로 변했죠. 신시내티로 이사 온 후 그이는 직장을 옮겼는데, 일하는 시간이 더 늘어났어요. 날 위해 시간을 내주지도 않았어요. 또 예전에는 어쩌다 한 번 장도 봐주고, 2주에 한 번씩은 주말에 욕실 청소도 해주었는데…… 이젠 집안일을 전혀 거들지 않아요. 결혼하기 전에 3년, 결혼하고 2년을 같이 살았는데…… 그 정도 같이 살았으면 그 사람을 안다고 생각했는데 말예요."

나는 음료수로 목을 축이고 창가 쪽 남자를 슬쩍 쳐다보았다. 그 남자를 의식하지 않을 수 없었다. 우리 자리가 엔진과 아주 가까워서 다른 줄에 앉은 사람들에겐 우리 얘기가 잘 들리지 않을 테지만, 그 남자에게만큼은 내 사생활을 더 이상 엿듣게 하고 싶지 않았다. 다행히 여전히 자고 있었다.

"모르겠어요."

나는 하던 말을 계속했다.

"그런 면에서 보면 결혼은 정말 도박이 아닌가 싶어요. 배우자의 인생이 어떤 길로 접어들지 알 수 없으니까요. 이런 남자라고 생각하고 결혼했는데, 사실은 그런 남자가 아니었는지도 모르죠. 여자들은 자신이 선택한 사람에 대해 어떤 이미지를 갖고 있고, 결혼한 후에도 당연히 그럴 거라고 생각하거든요. 그런데 남자들은 그렇지 않은 거죠. 최소한 닉은 제가 생각했던 남자가 아니었어요."

"어떤 특별한 사건이 있었나요? 늘 보면 무슨 일이 생기잖아요."

나는 여기서 잠깐 주저했다. 참 어이없는 소리로 들릴 것이다. 아니, 어이없는 정도가 아니다.

"한 2주 전에 남편이 밤늦게 들어와서는, 농담이 아니라 진심으로, 예수 그리스도와 저녁을 먹고 왔다는 거예요. 아닌 밤중에 홍두깨였죠. 어느 날은 정신이 멀쩡한 것처럼 보이다가도, 바로 다음 순간엔 언제 그랬냐는 듯, 황당한 얘기를 지어내면서 열성적인 신도로 변해요."

"그럼 지금도 같은 얘기를 계속하시······."

"늘 똑같은 소리예요. 이젠 아예 입만 열었다 하면 예수 얘기예요. 종교를 믿는 사람이 아니었어요. 그런 기미조차 없었던 사람이었어요. 어떻게든 잘 넘기고 싶은데, 도무지 너무 힘들어서 돌아버릴 지경이에요."

"그 점 말고 다른 면은 어떠세요?"

"사실, 남편이 집에 있는 시간은 그전보다 더 많아졌어요. 저와 사라와 함께 보내는 시간도 자연 많아졌죠. 회사에서 하던 프로젝트가 끝나서 그런 것 같기도 하고. 그렇지만 차라리 예전이 좋았어요. 지금 이 사람은 내가 결혼했던 사람이 아니에요. 우리 생활에 난데없이 종교가 끼어드는 건 꿈에도 생각 못했어요. 종교가 모든 걸 망치고 있어요."

"종교란 늘 모든 것을 망쳐버리죠."

남자가 대답했다.

"저는 종교가 정말 싫습니다."

저는 종교가 정말 싫습니다

바로 그때 비행기 여행에서 내가 두 번째로(복음 전도사 옆에 꼼짝없이 앉게 되는 것 다음으로) 끔찍해하는 악몽이 일어났다. 앞에 앉은 남자가 의자를 뒤로 젖힌 것이다. 철면피. 도대체 무슨 권리로 양해를 구하지도 않고 의자를 뒤로 눕혀도 된다고 생각하는 거지? 내 키가 172센티라구! '그쪽 기분 비참하게 만들어서 안됐지만, 저는 많이 편하거든요' 란 거야? 아, 별말씀을. 이제 나도 뒤에 앉은 사람에게 똑같이 하던가, 내 차 트렁크 반도 안 되는 공간에서 달라스까지 찜짝이 되는 수밖에 없겠군. 나는 항상 상상해왔던 대로, 의자를 바로 세울 때까지 태연히 앞 사람의 의자를 발로 툭툭 차고 싶은 충동과 싸웠다.

결국 이 사태를 머리에서 몰아내고(뒤에 앉아 혼자서 씩씩거리고 있어봐야 앞에 앉은 남자는 전혀 눈치도 못 챌 것이다) 옆에 앉은 남자와 하던 얘기나 마저 하기로 결심했다. 그가 종교에 대해 마지막으로 한 말이 궁금증을 불러일으켰다. 그 얘길 깊이 파고드는 것이 잘하는 짓인지 갈피를 잡을 수는 없었다. 닉의 낯선 변화에 대한 내 반응이 타당한 것인지 이미 고민할 만큼 고민한 터였다. 그 괴롭고 심란한 생각들을 다시 들추어내야 할지 확신할 수는 없었지만, 역시 그의 생각이 어떤지 듣고 싶었다.

"왜 종교를 싫어하세요?"

"싫지 않으세요?"

"그게……."

막상 그 질문을 받고 보니, 대답이 간단하지 않았다. 나는 늘 누구나 자기가 믿고 싶은 종교를 믿을 권리가 있다고 말해왔고, 그건 나 자신에게도 마찬가지이다. 그런데 지금은 종교로부터 가능한 한 멀리 떨어지고 싶었다.

"그럴 거예요. 누구나 믿고 싶은 종교를 믿을 권리는 물론 있죠. 그런데 저한테는 맞지 않네요."

나는 남은 주스를 마저 컵에 따르고는 하던 얘기로 돌아갔다.

"그쪽은 어때요? 종교가 싫다고 말한 건 그쪽이잖아요."

"많은 사람들이 종교 때문에 삶을 만끽하지 못하고 있어요. 종교 때문에 어떤 사람들은 죄책감을 느끼지 않아도 될 일에 죄책감을 느끼고, 걱정할 필요가 없는 일을 걱정하죠."

"그러게요! 결코 편안해 보이지 않아요."

남자의 말이 이어졌다.

"가상의 존재를 신이라고 굳게 믿고, 노여움을 사지 않으려 기도하고, 여러 모로 애를 쓰죠. 안타깝게도 그건 헛수고입니다."

"그럴 바에는 끼니 때울 형편도 못 되는 사람들 도와주는 게 낫지 않아요?"

"그런 일도 종종 합니다. 그건 좋은 일이죠. 그렇지만 종교의 많은 부분은 그렇지 않아요. 특별한 복장을 하고, 특정 강에 몸을 담그고, 특정 성서 구절을 읊고 또 읊죠. 또 어떤 음식을 금욕하고 특정 지역으로 순례 여행을 가기도 합니다. 이런 행위들이 복을 가져다준다고 생각하는 거죠. 이런 류의 의식은 세계 도처에서 행해집니다. 미국 기독교인이 가장 좋아하는 규율이 있어요. 카드놀이를 하지 말라, 춤을 추지 말라, 영화 보러 가지 말라."

"술은 입에 대지도 말라."

나도 덧붙였다.

"한번은 이웃집 사람들을 집으로 초대했는데, 디저트로 낸 럼케이크에 손도 대지 않는 부부가 있었죠. 솔직히, 기분이 나빴어요."

남자가 웃었다.

"중요한 건 내용이지, 겉으로 보이는 형식이 아니잖아요."

"그럼요."

나는 맞장구를 쳤다. 그는 말을 이었다.

"회교도 여성들에게 강제로 쓰게 하는 부르카도 그런 거죠."

"눈구멍만 남기고 몸을 완전히 가리는 싸개 말이죠?"

"네, 그거요. 회교도 여성들 대부분은 정숙하게 입고 싶어 하고, 그거야 존중할 만하죠. 하지만 몸 전체를 완전히 가리지 않는다고 위협을 당하거나 매질을 당합니다. 그건 못할 짓이죠. 그 남자들은 여자들 때문에 성적 욕망을 느끼게 될까 봐 두려워하지만, 여자들을 시멘트 벽 속에 가두어둔다고 욕정이 식진 않죠."

나는 웃음이 나왔다. 이 남자 맘에 든다. 있는 그대로 보고, 있는 그대로 말하고 있어.

"문제는…… 남자들 마음속에 무엇이 있느냐지, 여자들이 몸에 무엇을 걸치느냐가 아니죠. 여자들을 통제하는 것은 자신들의 지배력을 행사하기 위한 핑곗거리일 뿐입니다."

"정말 경멸스러워요."

내가 말했다.

"여기 미국에도 그런 짓을 좋아하는 인간들이 있어요! 우리 동네에 있는 한 교회에서는 여자들에게 발언권을 주지 않는대요. 언젠가 일요일 아침에 그 교회에 가서 예배 도중에 벌떡 일어나 한 마디 해주고 싶다니까요."

그는 좀 전의 폭넓은 주제로 돌아갔다.

"제가 화나는 건, 종교가 노예 제도, 인종 차별, 성 차별, 전쟁, 박해와 같은 무수한 만행을 정당화하는 데 이용되어 왔다는 겁니다. 종교가 이 세상의 그 많은 무지와 미신의 원인이라는 게 참을 수 없습니다. 종교가 정상적인 생활을 하려면 피해야만 할 존재라는 게 답답하죠."

"그렇죠."

나는 남편이 생각나서 힘없는 목소리로 대답했다.

"제가 자란 고향에서는 종교가 곧 위선이었어요. 입으로 말하는 것과, 마음속으로 생각하고 행동하는 것이 정반대였어요. 늘 그랬죠. 종교 지도자들은 규율을 강조했어요. 그것 때문에 그들은 남보다 도덕적이고, 옳은 것처럼 보였죠. 그러고는 그 규율을 사람들에게 강요하곤 했어요. 사람들은 규율을 제대로 지키지 못할 때마다 죄책감을 느꼈죠. 권력 놀음이죠. 이런 식으로 사람들에 대한 자기들의 지배권을 지속하는 거죠."

"고향이 어디세요?"

"동부에 있는 아주 작은 시골마을이에요."

"작은 마을에서는 종교가 그런 식으로 변질되기도 한다고 들었습니다."

승무원이 쓰레기를 버릴 비닐 봉투를 들고 다가왔다. 나는 캔만 돌려주고, 얼음이 조금 남아 있는 컵은 그대로 두었다.

"물 좀 주실래요?"

내가 말했다.

"네, 바로 가져오겠습니다."

승무원은 분명한 억양으로 말했다.

잠시 후 그 승무원은 물병을 들고 돌아왔다. 나에게 그 물병을 건네고 있을 때 남자는 그녀에게 외국어로 뭐라고 말했다. 동유럽권 언어이지 싶었다. 그녀는 표정이 환해져서 같은 언어로 대꾸했다. 그렇게 남자와 몇 분간 더 대화를 나눈 뒤, 승무원은 비행기 뒤편으로 사라졌다.

"아까 말씀 잘하시던데요."

내가 입을 열었다.

"어디 말이었어요?"

"크로아티아 어요."

"쉽게 접할 수 있는 언어는 아닌데."

"거기서 좀 살았거든요."

남자는 마지막 남은 물을 비웠다.

"제가 가장 싫어하는 것 중 하나가 진심으로 좋은 의도를 가진 사람들이 종교 때문에 왜곡되는 겁니다."

닉에 대해 내가 가장 두려워하는 것이 바로 그것이었다. 일을 너무 많이 하긴 해도 나쁜 사람은 아니었다. 아직까지 겉으로 보여준 것은 없지만.

"그건 무슨 뜻이에요?"

나는 궁금해졌다.

"사람들은 인정받기 위해서 어떤 것들을 해야만 한다고, 어떤 모습을 보여주어야 한다고 결국은 생각하게 되죠. 그래서 본연의 자신이 되길 그만두고, 지킬 수도 없는 일련의 규칙들을 지키려고 노력하고, 그러면서 늘 죄책감과 비참함에 빠지죠."

"생각만 해도 비참한 기분이네요."

"그러고는 주위의 소중한 사람들과 거리를 두기 시작해요. 믿지 않는 그들이 자신을 잘못된 길로 이끌지 않을까 두려워서요. 그래서 종교는 사람과 사람이 서로를 더 사랑하게 만들기는커녕 멀어지게 만들죠."

나는 병을 따서 한참을 마신 후 마개를 천천히 돌려서 닫았다.

"그런 친구가 있었어요. 고등학교 때 가장 친했던 친구 멜린다가 그랬죠. 초등학교 때부터 알았던 친구인데, 고등학교 때 같이 배구팀에 들면서 정말로 친해졌죠. 고 1, 2학년 때는 뭘 해도 같이 했어요. 그랬는데 3학년으로 올라가기 전 여름 방학 때 멜린다가 기독교를 믿기 시작했어요. 교회

여름 캠프엔가를 갔었던가 봐요."

"그래서 어떻게 됐나요?"

"그 후로 우리들의 우정은 예전 같지 않았어요. 멜린다는 새로 알게 된 교회 친구들과 어울리기 시작했고, 교회 청소년부 활동도 하고, 저하고는 별로 상관이 없어졌어요. 물론 여전히 배구팀에서 만나고, 같이 하는 것들이 있긴 했지만, 점점 줄어들었죠. 그래서 고등학교 마지막 학년 때는 완전히 외톨이가 된 기분이었어요."

"저런, 너무했군요."

남자가 말했다.

"제 얘기가 바로 그거예요. 영원한 친구로 남아 있을 줄 알았는데……. 고등학교 졸업 후로는 둘이 만난 적이 없었어요. 졸업 10주년 동창회에서 한 번 봤죠."

"뭐 하고 있던가요?"

"대학교 때 만난 남자랑 결혼해서 살다가 이혼했더라구요. 종교도 결국 뭐 그렇게 도움은 안 됐나 봐요. 아이는 없고, 그때 만났을 때는 새로운 남자를 사귀고 있었죠. 여전히 교회 일을 하고 있더라구요."

나는 병마개를 도로 열고 물을 마셨다. 남자는 몸을 좀더 내 쪽으로 향하도록 고쳐 앉았다.

"남편분도 그렇게 되지 않을까 걱정하시는 거죠? 몸은 같이 있다고 해도, 마음에서 멀어지지 않을까 하고."

남자의 정곡을 찌르는 말에 순간 당혹스러웠다.

"상담사라도 되세요?"

"네, 사실은요."

"아. 나는……."

"주제넘게 나설 생각은 아니었습니다. 멜린다 경우와 비슷한 상황인 것 같아서요."

"그렇죠."

나는 발끝에 시선을 고정한 채 대답했다.

"멜린다 일은 좀 지나서 잊었어요. 고등학교 친구가 그렇잖아요. 어떻게 될지 알 수 없죠. 그런데 남편의 경우는……."

나는 눈물이 고여 올라오는 걸 막기 위해 윗입술을 깨물었다.

"여자친구 하나 잃는 거랑 다르잖아요……."

나는 잠시 멍하니 허공을 노려봤다.

"처음에는 일중독에 빠지더니 이젠 예수 중독이네요. 어느 쪽이든 저는 안중에도 없어요. 부부란 게 뭔데요?"

"이혼을 진심으로 원하는 건 아니시군요."

"그럼요."

너무나 명확한 말투에 내가 놀랐다.

"당연히 가정을 지키고 싶죠. 그런데 그 가정이 남편 때문에 흔들리고 있어요. 그 사람 왜 그러는 거죠? 결혼하기 전에는 그렇게 가까워지지 못해서 안달이더니, 왜 결혼 후에는 전혀 신경도 쓰지 않는 거죠? 난 인생의 반려자가 필요해서 결혼한 것이지, 결혼반지가 끼고 싶어서, 밤늦게 돌아온 남편을 위해 식은 저녁을 다시 데우려고 결혼한 게 아니에요. 대부분 남자들이 그렇게 점점 멀어져가나 봐요."

그가 한숨을 내쉬었다.

"어려운 질문이네요. 남자들마다 다르지 않을까요. 그렇지만 대개 남자들은 가까워지는 걸 두려워하죠. 어떻게 하면 가까워지는 건지 배우지 않았어요. 인간 그 자체가 아니라, 능력이 얼마나 뛰어난가로 사랑받아왔거든요. 그래서 늘 불안하고, 뭔가 부족하다고 느끼고, 스스로가 생각하는 진짜 자기 모습은 남들에게 보여주고 싶어하지 않습니다. 그랬다가 거절당할까 봐 두려운 거죠."

"거절당하기 싫어서 먼저 거절하는군요. 참 편리한 논리네요."

그가 살짝 고개를 저었다.

"논리적으로 추론해서 그런 생각을 해내는 게 아닙니다. 자신에게 자신감을 주고, 거절당하지 않을 거라는 안도감을 주는 쪽으로 자연스럽게 마음이 가는 걸 거예요. 그런 것이야말로 자신의 영혼에 필요한 양분이라고 생각하는 거죠. 착각이죠. 하지만 실제로 이런 모습이 그들입니다."

"남자들에게 정말로 필요한 것은 일이나 스포츠나 그런 게 아니라 진정한 인간적인 관계라는 거네요."

"남자들에게 일은 중요해요. 아주 중요하죠. 가족을 부양하는 수단이고, '제구실을 한다'는 당당함을 주죠. 이게 곧 자신의 일부이구요. 그렇지만, 맞아요, 마음속 저 깊숙한 곳에서는 남자들도 여자들처럼 소통을 갈구합니다. 능력이 아니라 자기 모습 그대로 사랑받고, 인정받고 싶어합니다."

"그게 닉이 예수에 빠진 것과 어떤 관련이 있는 거죠? 일하고는 얘기가 다르잖아요. 예수 얘기 한다고 누가 훈장이라도 주나요?"

"맞습니다."

남자가 말했다.

"완전히 다르죠. 닉은 보다 심오한 것을 찾아 헤매고 있습니다. 귀를 잘 기울이면 자신의 마음이 정말로 찾고 있던 것을 얻을 겁니다."

"그게 어떻게 그이가 찾는 것을 준다는 거죠?"

"바로 그게 문제죠. 그 답을 알면 가정을 지킬 수 있지 않을까요."

가정을 지키는 방법

"그 답을 알면 가정을 지킬 수 있지 않을까요."

남자의 말이 계속 머릿속을 맴돌았다. 남자의 말이 옳을지도 모른다. 닉의 변화에 내가 너무 반사적인 반응을 보인 것인지도 모른다. 그래서 그 이면을 들여다볼 여유가 없었을 수도 있다. 솔직히 어찌된 일인지 그 속을 들여다보고 싶은 마음이 없었다. 특히나 그런 문제라면 들춰보고 싶지 않았다. 왜 하필 종교일까? 다른 것이었다면 차라리 좋으련만.

닉이 왜 바람을 피우는지 그 이유를 고민하는 일이 이보다는 쉬울 것이다. 하지만 내 가정이 위기에 처해 있으니,

이해하려고 노력하는 것이 내가 최소한 할 수 있는 일이었다. 그냥 한때 이러는 건지도 모르지만, 그가 종교에 마음이 쏠리게 된 진짜 이유가 분명 있을 것이기 때문이다.

앞에 앉은 남자아이가 의자 너머로 다시 고개를 빼죽이 내밀었다. 남자와 모래성이며, 모래도랑, 방파제 짓기 등을 얘기하는 걸 보니, 해변에라도 가는 모양이었다.

나는 다시 잡지를 집어들어 빠르게 넘기며 훑어보았다. 별 관심도 없는 텍사스 와인에 관한 기사를 떨떠름하게 쳐다보다가, 힐러리 스웽크의 연기 인생에 대한 두 페이지짜리 기사를 읽어보려고 했지만, 더 나을 게 없었다. 왜 이런 잡지에는 재미있는 기사라곤 없는 거람? 잡지를 보고 혹시라도 기분 나쁜 승객이 한 명이라도 있을까 봐 농도를 낮추다 보니 밍숭맹숭한 맛이 돼버린 게 아닐까. 내 주의를 끌어당길 만한 다른 게 없는지 시큰둥하게 찾아보았지만, 없었다. 잡지를 좌석 주머니에 도로 꽂았다.

어디쯤 왔는지 보려고 창밖을 내다보았다. 저 아래로 퀼트 이불처럼 다양한 모양과 색깔의 농경지가 평야를 뒤덮고 있었다. 그렇다면 여기는…… 오하이오와 텍사스의 중간쯤이었다. 그것으로 적잖이 안심이 되었다. 나는 시계를 보았다. 35분 남았군.

나는 눈을 감았다. 몸에 힘이 쑥 빠져나간 느낌이었지만, 딱히 피곤하지는 않았다. 달리 할 일도 없었다. 창가 쪽에 앉은 남자는 가볍게 코를 골기 시작했다. 덕분에 시간이 더 더디 가게 생겼다. 앞자리에 앉은 소년의 아버지가 아들에게 과자를 권하는 소리가 들렸다. 전형적인 아버지. 아이가 성가시게 굴 때 어찌해야 할지 전혀 모르는 아버지들의 전형적인 수법. 내 옆자리 남자가 꼬마와 계속 놀아주었다면, 아이의 관심을 딴 데로 돌릴 일이 없었겠지.

나는 머릿속을 깨끗이 비우고 편안히 휴식을 취해보려 했지만, 잡념이 사라지지 않았다. "그 답을 알면 가정을 지킬 수 있지 않을까요." 남자의 그 말이 계속 무겁게 짓눌렀다. 나는 상황이 어떻게 돌아가나 팔짱 끼고 두고볼 수도 있고, 적극적으로 나서서 가정을 지키려는 노력을 할 수도 있어. 닉에게 도대체 무슨 일이 일어나고 있는 건지 알면, 왜 그러는지 수긍이 갈지도 몰라. 그래, 수긍이 안 되면, 최소한 이해는 될 거야. 이해라도 되면, 어떻게 해볼 수 있을 거야.

미미하지만 확고한 결심이 조금씩 꿈틀대며 깨어나는 기분이었다. 가망이 없을지도 모르지. 그렇지만 한번 싸워보지도 않고 이대로 결혼이 끝장나게 둘 순 없어. 이건 나 자신에게, 그리고 사라에게 내가 진 빚이야.

닉에게 진 빚이라고는 생각되지 않았다. 남편으로서 그의 점수를 따지자면, 빚을 진 사람은 내가 아니라 그였다. 그것도 이만저만 진 게 아니다. 그러나 지금 그건 중요하지 않다.

왜 닉이 별안간 종교를 믿게 되었을까? 닉은 낙천적인 사람이야. 그런 그가 왜 그런 걸 믿으려는 걸까? 아니 그래야만 할 이유가 뭘까? 인생에 정신적인 버팀목이 필요한 사람이 아니었는데.

나는 우리의 관계를 찬찬히 되짚어 보았다. 닉이 이렇게 되리란 것을 암시하는 어떤 징후를 보여준 적이 있었던가? 어렸을 때 가끔 교회에 다닌 적은 있다지만, 내가 듣기로는 그건 엄마가 억지로 끌고 갔기 때문이었다. 그 시간마저도 끔찍이 싫어했고, 털끝만치도 믿지 않았다. 하나님에 대한 기본적인 믿음 정도는 있었을지 모른다. 그런데 그나마도 너무나 미미해서 닉에겐 별 의미가 없었다. 두어 번 여호와의 증인이 우리집을 찾아온 적이 있었다. 그때 남편은 정말로 그 사람들 면전에서 문을 쾅 닫아버렸다. 동네에 있는 교회가 교묘하게 사람들을 개종시키려 벌이는 그 빤한 수법을 조롱했다. 우리 친구 중 몇 명이 빠졌던 뉴에이지라는 것에도 전혀 관심이 없었다. 모두가 모였을 때 그걸 웃음거리로 삼는 게 관심이라면 관심이랄까.

오히려 남달리 비종교적인 사람이었다. 그저 일뿐이었다. 일하지 않을 때는 골프를 치고, 축구 시합을 보고, 라디오로 스포츠 중계를 들었다. 그의 레이더망 어디에도 신이 끼어들 자리는 없었다.

어느 날 아침에 깨어보니, 처음 보는 남자가 우리집 식탁에서 커피를 마시고 있는 기분이었다. 이젠 열심히 일해봐야 아무 의미도 없다는 결론을 내린 걸까? 그러고 보니, 근래 들어 퇴근 시간이 조금 빨라지긴 했다. 그렇다고 광신도로 변해버리다니? 골프장에서 보내는 시간이 더 많아졌다면 모를까.

사실, 지난 몇 주간 남편이 보여준 변화들은 내가 이해할 수 있는 영역을 넘어섰다. 도대체 앞뒤가 맞지 않았다. 급기야 아주 잠시 말도 안 되는 가능성도 생각해보았다.

어쩌면 넉에게 정말 무슨 일이 있었던 건지도 몰라. 아냐…… 그럴 리가. 그렇지만 하룻밤 사이에 무신론자가 광신도로 변했어. 스스로 어느 날 갑자기 '광신도가 되자'고 결심했을 리가 없어. 설마 그랬을까? 결코 그 사람답지 않아. 무슨 일이 있었던 거지?

정말로 하나님이나 누굴 만났을까? 그런데 설령 만났다고 해도 그게 무슨 의미가 있는 거람?

    비행기 기내에서 익숙한 '딩' 소리가 들려서 안전벨트 표시등을 올려다보니 불이 들어와 있었다. 달라스로 접어들었다는 승무원의 안내방송이 들렸다. 창가 쪽 남자가 잠에서 깨어났다. 나는 창밖을 내다보았다. 달라스 지역은 예상 외로 많은 물이 주변에 흐르고 있었다. 갈색 연무가 자욱했다.

"저 아래 오염이 심하네."

나는 딱히 누구에게랄 것도 없이 말했다.

"공기가 너무 안 좋아졌어요."

잠에서 깨어난 창 쪽 남자가 대답했다.

내 앞자리 남자가 등받이를 똑바로 세웠고, 그제야 나는 다리를 자유롭게 움직일 수 있었다. 그의 아들은 의자에 묻혀 보이지 않았다. 나는 왼쪽에 앉은 남자를 돌아보았다.

"얘기 즐거웠어요."

내가 말했다.

"생각해볼 거리를 주셨어요."

남자는 미소를 지었다.

"다행이네요. 저도 대화가 즐거웠습니다."

비행기는 바퀴를 내리고 게이트를 향해 활주로를 내달리기 시작했다. 창 쪽에 앉은 남자가 내 쪽으로 몸을 기울이는 것이 느껴졌다.

"저기요……."

그는 우리 두 사람에게 말했다.

"두 분이 종교에 대해 하시는 말씀을 좀 엿들었습니다."

기가 막혀서.

그의 말이 이어졌다.

"저도 어느 정도 맞는 말씀이라고 생각합니다. 종교 때문에 생기는 그 어리석은 일들 말예요. 영화를 보러 가면 19세 이상 관람가가 아니어도…… 물론 〈라이언 일병 구하기〉는 예외이지만요. 정말 훌륭한 영화였죠. 〈패션 오브 크라이스트〉는 19세 이상 관람 등급 아니었나요?"

복도 쪽 남자가 대신 대답했다.

"네, 그랬죠."

"그렇게 피범벅인 영화는 못 본 것 같아요. 그렇게 피가 넘치는 영화 본 적이 있으세요?"

우리 둘 다 대답하지 않았다.

"어찌 됐든 사람들은 종교 규율에 지나치게 경도되는 수도 있죠……."

그는 복도 쪽 남자를 바라보고 있었다.

"그렇지만 종교에 얽매여 인생을 만끽하지 못한다는 선생님 말씀은 틀렸다고 생각합니다. 제가 경험한 바로는, 순수한 종교인들, 그러니까 기독교인들은 인생을 최대한 만끽하고 있습니다."

그는 이번에는 내 쪽으로 시선을 돌렸다.

"제 의견을 강요하려는 건 아닙니다. 다만 두 분이 그 점을 생각해보셔야 한다는 뜻입니다."

비행기가 멈췄고, 그와 동시에 모두가 일제히 기다렸다는 듯 자리를 박차고 일어났다. 갑자기 높아진 기내의 소음 수치가 대화를 중단시키는 데 효과가 있었다. 할렐루야.

아직 엉덩이를 떼지 않은 왼쪽 남자가 내 쪽으로 몸을 기울여 속삭였다.

"나쁜 뜻에서 하는 말이 아닐 겁니다."

"글쎄, 과연 그럴까요."

내가 대답했다.

주변에 있는 모든 사람들이 앞다투어 소지품을 챙겨 손에 들고 복도로 나서는 동안 우리는 그대로 자리를 지켰다. 사람들은 왜 꼭 이럴까? 어차피 앞사람들이 빠져야 나갈 수 있지 않은가. 마침내 비행기 뒤편이 나갈 차례가 되었다. 복도 쪽 남자가 일어나서 의자 옆으로 나섰다. 소지품은 따로 없는 것 같았다. 머리맡 짐칸에서 여행가방 하나를 꺼내 자기 뒤에 내려놓았다.

"당신 것 아닌가요?"

내게 물었다.

"맞아요. 감사합니다."

나는 핸드백을 들고 복도로 나가 섰다. 손잡이를 길게 뽑고 있는데, "그럼 다음에 또"라는 그의 말이 들렸다. 고개를 들었을 땐 이미 등을 돌린 채 출구를 향해 걷고 있었다.

"예."

나는 그 말이 무슨 뜻인지 아리송한 채로 혼자 대답했다.

핸드백을 재빨리 여행가방 위에 얹었다. 가방을 끌고 비행기 복도를 지나 이동식 연결로를 통과해 공항 터미널로 들어섰다. 좌우를 훑어보았지만 어느 쪽에서도 남자가 보이지 않았다. 그런데 내가 지금 왜 그 사람을 찾고 있는 거지?

나는 환승 게이트를 향해 걸음을 뗐다. 신문 가판대, 선물

가게, 서점, 음식점 등 공항의 상가를 그대로 지나치다가 서점에 불쑥 들어섰다. '20위 권 베스트셀러'라고 적힌 구역에서 나도 모르게 종교 도서를 찾아보았다. 모두 여섯 권이었다. 먼저 주위를 둘러본 다음(그런데 지금 누구의 눈을 의식하는 거지?) 그 중 한 권을 집어서 후루룩 넘겼다. 도로 내려놓고, 다른 책 뒷표지를 읽어보았다. 그 책도 매대에 내려놓았다. 이 책들이 도대체 나한테 무슨 얘길 해준담?

나는 느릿느릿 페이퍼백 소설 코너를 맴돌다 니콜라스 스파크스의 신작을 집었다. 여행가방을 끌고, 계산대로 가서 그 책을 내밀었다.

"계산해주세요."

점원은 종이 가방에 책을 담고, 계산을 마쳤다. 나는 책과 핸드백을 들어 여행가방 위에 떨어지지 않게 균형을 맞추어 올려놓았다. 한참을 걸어서 다음 터미널로 들어섰다. 저만치에서 내 게이트 번호를 발견한 바로 그때 마침 스타벅스를 지나고 있었다. 그래 바로 이런게 필요했어. 탑승 시각까지 1시간 넘게 남았으니, 라떼 한 잔은 충분히 마실 수 있었다. 스타벅스로 들어가서 남자 두 명 뒤에 줄을 섰다. 첫 번째 남자는 프라푸치노를 주문했고, 두 번째 남자는 '오늘의 커피'와 커피케이크를 주문했다. 귀에 익은 목소리였다. 그 남자가 계산을 치른 뒤 뒤돌아보았다. 복도 쪽에 앉았던 남자였다.

"안녕하세요."

남자가 아는 척을 했다.

"안녕하세요."

나도 인사했다.

"여기서 또 뵙게 되네요."

점원은 남자에게 주문한 것을 주더니, 나에게 가까이 와 달라는 손짓을 했다. 나는 걸음을 조금 앞으로 옮겼다. "무지방 그랜드 바닐라 라떼요. 카페인 없는 걸로요." 카페인이 절실했지만, 몸을 생각해 참기로 했다. "애플 시나몬 스콘도 하나 주세요." 나는 10달러짜리를 냈다.

나는 몸을 돌려 남자를 바라보았다.

"갈아타시는 거예요?"

남자에게 물었다.

"예. 여긴 어쩐 일로?"

"1시간 좀 넘게 남아서요."

점원에게 스콘을 받고 남자와 함께 커피가 나오는 쪽으로 천천히 이동했다. 커피를 만드는 직원이 카운터에 음료를 놓으며, "무지방, 무카페인 그랜드 바닐라 라떼"를 외쳤다. 나는 손을 뻗어 컵을 집었다.

복도 쪽 남자는 냅킨을 몇 장 집었다.

"동석하실래요?"

그가 물었다.

"그러죠."

그는 유일하게 비어 있는 입구 근처의 자리로 갔다. 우리는 자리에 앉자마자 우선 커피를 한 모금씩 마셨다. 같이 앉자는 제안을 받아들이다니, 조금 어색했다. 어쨌든 아직은 유부녀다. 그렇지만 비행기에서 만난 남자와 커피 한 잔 한다고 무슨 해가 되겠어? 어차피 다시 볼

예수와 함께한 가장 완벽한 하루

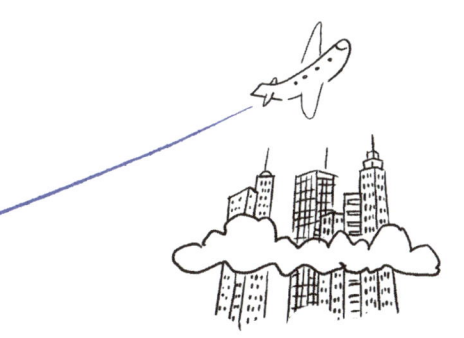

사람도 아니고. 일부러 만나려고 만난 것도 아닌데. 게다가 그는 상담사 아니냐구.

"그런데 서점에서 뭐 사셨어요?"

"제가 서점에 들렀던 거 어떻게 아셨어요?"

나는 의심스럽게 물었다.

"들고 계시는 그 가방이요."

"아."

나는 책이 든 종이봉투를 흘끔 바라보았다.

"니콜라스 스파크스 소설이요. 뭔가 좋은 읽을거리가 절실했거든요."

나는 스콘을 한 입 베어 문 다음 라떼로 적셔서 목 안으로 넘겼다. 한 가지 궁금한 것이 생각났다. 앞서 우리의 대화를 보건대, 남자가 어떻게 대답할지 짐작은 갔다. 그렇지만 누군가를 붙잡고 속이 후련해질 때까지 얘기해보고 싶었다. 이 남자라면 안심할 수 있다. 또 그의 의견은 신뢰할 수 있다.

"저기 궁금한 게 있는데요……."

"뭔데요?"

"이런 질문 해도 될지 모르겠어요. 바보 같은 질문이에요. 아까 비행기에서 했던 얘기 때문인데……."

"진지한 질문은 어리석지 않습니다."

멍청하게 들리지 않도록 그럴싸하게 묻고 싶었지만, 잘 되지 않았다.

"사람이 실제로 하나님을 직접 만난다는 것이 가능한 얘기라고 생각하세요?"

신이 있다는 걸 증명해보세요

내 입으로 이런 질문을 하게 될 날이 올 줄은 꿈에도 몰랐다. 나는 신이 존재하는지에 대해서도 모른다. 그런데 지금 나는 신과의 개인적인 만남에 관해 묻고 있다. 앞에 앉은 남자는 대수롭지 않게 받아들이는 듯 보였다. 이거야말로 내가 바라던 바다. 만약의 가능성들을 안전하게 함께 탐구해볼 수 있는 사람.

"그건 왜 묻는 건데요?"

남자가 대답 대신 질문했다.

"아까 우리가 했던 얘기요, 종교에 대해서요. 그런 얘기까지 했는데, 이런 질문을 하니 이제까지 들은 소리 중 가장 멍청한 소리라고 생각하실 거예요. 그런데 아까 얘기하고 나서 남편에게 지금 무슨 일이 일어나고 있는 건지 생각해보게 됐어요. 갑자기 광신도로 변해버린 일이요. 아무리 생각해도 말이 안 돼요. 그이답지 않아요. 그이의 평소 행동과도 전혀 들어맞지 않아요. 그래서…… 잘은 모르겠지만…… 혹시…… 그이가 정말로 하나님이나 예수를, 누군가를 만났던 건 아닐까……."

나는 여기서 말을 잠깐 멈췄다.

"알아요. 비현실적인 얘기라는 거."

"아뇨, 꼭 그렇진 않아요."

"그렇지만 선생님은 하나님을 믿지도 않잖아요?"

"남편분은 믿으시잖아요. 하나님과의 만남에 빠져 있는 사람도 남편이시구요. 어떻게 된 건지 생각해볼 가치는 있을 것 같아요."

의외의 대답에 놀라긴 했지만, 기꺼이 대화해줄 사람이 생겼다는 사실이 기뻤다. 어쨌든 얘기해보자고 먼저 말한 사람은 그 사람이니까.

"그럼 그런 일이 있을 수 있다고 생각하세요? 하나님을 실제로 만나는 일이요?"

내가 질문했다.

"어떻게 생각하세요?"

"저야 하나님이 있는지조차도 잘 모르니까요……."

"신이 있다고 믿지 않는다는 건가요? 아니면 신의 존재 가능성을 잘 모르겠다는 건가요?"

그의 질문을 잠시 생각해보았다.

"후자 쪽인 것 같아요. 정말 있는 건지, 없는 건지 잘 모르겠어요."

"그럼 신이 있을 수도 있다고 생각하는 거네요?"

"글쎄요…… 있을 수도 있지 않을까요? 선생님이야 헛소리라고 생각하실 테지만요."

"그럼 있다고 치고, 거기서 출발해보는 게 어때요? 지금 닉이 무슨 경험을 하고 있는지 뭔가 알아낼 수 있을지도 몰라요."

이 문제를 탐구해보는 합리적인 방법인 것 같았다. 어쩌면 답을 찾을 수 있을지도 모른다.

"좋아요."

내가 대답했다.

"괜찮은 것 같아요."

"그럼 하나님이 존재한다면 어떨까요? 그분과 어떤 식으로든 소통하는 게 가능할까요?"

나는 솔직하게 대답했다.

"아닐걸요. 신은 우리와 비교도 안 될 만큼 위대하고 막강한 존재잖아요. 그런 존재와 만날 수 있다고 단정하는 건 힘들어요. 소통할 수 있는 근거가 뭐가 있겠어요? 이건 마치 개미가 인간과 소통하려는 거나 마찬가지잖아요."

"좋은 지적이네요."

그는 커피를 한 모금 마셨다.

"그걸 다른 면에서 보면요?"

"무슨 뜻인지……?"

"하나님의 입장에서 본다면요."

"네? 하나님 쪽에서 우리 인간과 소통할 수 있다?"

"아뇨, 할 수 있다기보다는 그분이 그러고 싶어한다면요?"

나는 잠깐 생각을 정리했다.

"마찬가지죠. 그 대답은 똑같지 않나요? 하나님이 존재한다고 쳐요. 그게 여자든 남자든요. 그는 이 우주 전체를 장

조할 정도로 큰 존재예요. 창조하는 데 걸린 시간이 또 얼마예요. 수십억 년이라구요. 그런데 우리는 별 특징도 없는 은하계 속의 여기 이 작은 별에 박혀 있는 보잘것없는 존재잖아요. 남편한테 들은 얘기죠. 나한테 천체에 대해 얘기해주는 걸 좋아했어요. 어쨌든, 그런 신이 우리에게 그럴 필요가 뭐 있겠어요?"

"아주 좋은 질문이에요."

"신이란 존재가 인간을 필요로 할 거라고는 믿기 힘들잖아요. 만나서 얘기를 나누고 싶어하리란 것은 더 말할 것도 없구요. 신에게는 우리 인간들과 얘기하는 것보다 더 중요한 일이 많지 않겠어요?"

남자가 소리 내어 웃었다.

"아, 그렇게 생각할 수도 있겠네요."

그는 커피케이크를 한 입 먹고는 냅킨으로 입을 닦았다.

"그 질문에 대한 대답은 아마도 신의 본성에서 찾을 수 있지 않을까요?"

"그건 무슨 의미죠?"

"하나님은 어떨까요? 그저 만물을 창조해놓고, 그 만물이 저 혼자 돌아가는 걸 멀리서 지켜보기만 할까요? 아니면 그

보다 더 인간과 단절돼 있을까요? 〈스타워즈〉에 나오는 신처럼 인간과는 아무 관련도 없는, 인간을 초월한 존재요. 아니면 정반대로 인간세계에 개입돼서 생각도 하고, 선택도 하고, 감정도 느끼고, 사랑도 하는 그런 하나님이라면요? 바로 우리들처럼요."

나는 라떼를 한 모금 넘겼다.

"그거야 아무도 모르죠. 하나님이 모든 사람 앞에 짜잔 하고 나타나는 게 아니니, 하나님이 어떤지 누가 알겠어요?"

그는 커피를 길게 한 모금 마셨다.

"지금 있는 증거로 알아보죠 뭐. 하나님이 있다면, 그분이 어떨지 알려주는 단서가 있지 않을까요?"

"단서요?"

그 순간 《다빈치 코드》의 표지가 머리에 떠올랐다.

"어떤 종류의 단서요?"

"이 우주에서 창조주에 대해 뭔가 알아낼 만한 게 없을까요?"

"나이가 엄청나게 많겠죠."

말을 하고 보니 웃음이 나왔다.

"뭐라구요?"

그 역시 싱긋 웃으며 물었다.

"영화에서 배우들을 늙어 보이게 분장할 때처럼, 주름이 자글거리고, 어기적어기적 거동하는 정말 나이 많은 노인을 상상해봤어요. 하나님이 그렇지는 않겠지요. 수십억 년을 살았다면, 나이는 아예 먹지 않는다고 봐야 맞겠죠."

그의 얼굴에 미소가 떠올랐다.

"네, 제 생각도요."

그는 다시 커피 한 모금을 마셨다.

"어쨌든 이 우주를 창조했으니 나이가 엄청 많을 것이다. 그밖에요?"

"머리가 틀림없이 아주 좋을 거예요. 이 우주가 얼마나 정교하고 복잡해요. 인간도 너무 복잡하잖아요. DNA를 봐요."

"좋아요, 하나님은 엄청나게 똑똑해야만 할 것이다."

"우주의 설계가 신의 존재를 증명하는지는 모르겠지만, 신이 있다면 환상적인 지능 그리고…… 그 모든 걸 성공시킬 수 있는 어마어마한 힘도 가졌겠지요."

"그건 무슨 뜻이죠?"

"우리 모두가 빅뱅에 의해 여기에 생긴 거라면, 하나님은 지금의 우주를 만들기 위해 빅뱅을 미세조정 해야만 했을 거예요. 이것도 남편한테 들었어요. 우주의 만물이 얼마나 정교하게 맞물려 있는지, 천 가지 중 단 하나라도 어긋났다면, 우주는 지금의 모습이 아니었을 거라고, 우리는 아예 존재하지 않았을 거라고요."

내가 지금 신의 존재를 옹호하는 사람처럼 말하고 있잖아. 그렇지만 처음부터 신이 존재한다고 가정한 거니까…….

"좋아요, 그럼……."

남자가 말했다.

"신이 있다면, 분명 나이는 아주 많고, 엄청나게 똑똑하고, 최소한 이 우주만큼이나 어마어마한 능력의 소유자가 틀림없을 것이다?"

"신이 이 우주 만물을 돌아가게 하는 장본인이라면, 네, 그렇겠죠."

"창조의 특성이 무엇이든 간에 거기에는 창조주의 보다 위대한 특성, 그러니까 나이, 지능, 권능이 어느 정도 반영될 거란 말이네요."

이 말은 잠시 고민해보기로 했다. 내 스스로 납득하기 전에 수긍하고 싶지 않았다. 일단 스콘을 한 조각 떼어 입에 넣었다.

방금 그가 한 말이 사실일까? 우주에 창조주가 반영돼 있는 것일까? 그럴 수 있을 것이다. 우리가 만드는 것은 무엇이든 우리를 나타내니까. 내가 하는 디자인도 그렇고. 어떻게 그러지 않을 수 있겠어. 우리가 창조하는 것은 결국 우리에게서 나오는 법이니까.

"맞아요, 그렇게 요약할 수 있겠네요. 하지만 그게 신을 증명한다는 말은 아니에요."

나는 대답했다.

"압니다."

그는 커피케이크를

신이 있다는 걸 증명해보세요

한 입 먹었다.

"그럼 이것을 인간의 수준으로 끌어내리면 어떻게 될까요?"

"그게 무슨 말이죠?"

"인간도 우주의 일부잖아요. 지구상에 사는 가장 지능이 높은 존재. 인간에게서 신의 모습을 찾는다면요?"

"선생님 생각은 어떤데요?"

나는 받은 질문을 도로 던지며 덧붙였다.

"아까부터 저만 생각하고 있잖아요."

그가 생각난 듯 큰 소리로 웃었다.

"아, 그럼요. 저도 생각 좀 하겠습니다. 저는 우리의 다양한 면, 즉 우리의 마음, 감정, 선택의 능력, 우리의 양심 등이 모두 신을 반영할 거라고 생각해요. 다시 말하면, 인간의 특징들이 우주와 마찬가지로 창조주의 모습을 보여줄 거란 말이죠. 가장 정교하고 발전된 창조물이 신의 모습을 가장 많이 닮아 있지 않았을까요?"

"사람이요?"

"예."

"그렇지만 사람들은 때로 서로에게 너무 잔인해지기도 하잖아요. 신도 그런 건 아닐 거 아니에요?"

"참 어려운 질문이네요."

그는 다시 커피를 홀짝였다.

"악은 있으니까요. 악도 신의 일부일까요? 아니면 뭔가 잘못된 걸까요?"

"글쎄요. 만약 악도 하나님의 일면이라면, 참 삭막할 거예요. 내가 아는 건, 세상이 잘못돼도 한참 잘못돼 있다는 거예요. 갈수록 좋아지기는커녕 무서운 세상이 되고 있어요. 언제 어디서 다음 폭탄이 터질지도 모른 채 아이를 키우고 있다는 게 조금 무섭구요."

"그럼요."

남자가 대답했다.

"가슴 서늘하죠."

그는 커피케이크를 한 입 더 떠먹었고, 나는 스콘을 먹었다.

"딸이 사라라고 하셨죠?"

"네."

"사진 있어요?"

"물론이죠."

나는 핸드백에서 지갑을 꺼내 사라의 사진을 내밀었다.

정말 잘 나온 사진이었다. 수목원에서 빨간색과 노란색 튤립을 배경으로 새로 산 파란색 원피스를 입고 찍은 것이다. 양 갈래로 땋은 머리가 양쪽 귀 옆으로 톡 튀어나와 있는 것이, 정말 앙증맞은 모습이었다.

"너무 사랑스럽네요."

남자가 한 마디 했다.

"감사합니다. 정말 그래요."

사진을 가방에 도로 집어넣기 전에 한 번 더 보면서 나도 모르게 절로 웃음이 나왔다.

"일하실 때는 딸아이를 어떻게 하세요?"

"1주일에 3일은 사촌언니에게 맡겨요. 그 집에는 세 살짜리랑 14개월짜리 아이가 둘 있어요. 그 애들이랑 사라가 아주 잘 놀아요."

"그렇게 아이를 떼놓고 있을 때 괜찮아요?"

"괜찮아요. 내 일을 정말 좋아하거든요. 이런 숨통 없이 아이만 키웠다면 못 견뎠을 거예요. 그렇지만 어떤 날은 잘 모르겠어요."

"그건 왜요?"

"아이들은 어렸을 때 세상 무엇과도 바꿀 수 없는 말이나 행동을 매일 해요. 어제는 사라와 집에 있었어요. 둘이서 할머니 집에 가는 얘기며, 어째서 할머니가 엄마의 엄마인지 하는 얘기를 하고 있었죠. 물론 어째서 그렇게 되는 건지 다 이해는 못했겠죠. 그런데 그 크고 둥근 눈망울로 날 보더니 '엄마, 엄마는 내 엄마였으면 좋겠어'라고 말하는 거예요. 그 말에 어찌나 가슴이 미어지던지."

남자가 환하게 미소를 지었다.

"왜 안 그렇겠어요."

나는 장난스럽게 그를 손가락으로 가리켰다.

"두고 보세요. 언젠가 딸이 생기면, 그 애가 그런 눈으로 아빠를 바라볼 거예요. 그럼 해달라는 건 무엇이든 다 해주고 싶을걸요. 아빠들이 더하거든요. 닉도 사라라면 세상 무엇도 아까워하지 않아요."

"엄마여서 가장 좋은 게 뭐예요?"

남자가 말했다.

내 입꼬리가 절로 귀에 걸리는 것이 느껴졌다. 생각만으로 즐거운 기분에 휩싸였다.

"전부 다요. 아이가 내 무릎에 앉아 있는 시간도 그렇게 소중할 수가 없어요. 살랑거리는 부드러운 머리카락을 만지고, 아이들에게서만 나는 냄새를 들이마시고, 내게 기댄 그 조그만 다리와 등에서는 따스한 감촉이 전해져와요. 자기 아이만큼 세상에 예쁜 아이도 없죠. 다른 누구보다 내 아이의 특징들을 꼼꼼히 살피죠. 아, 나에게서 나온 아이구나, 나를 닮았구나. 누구보다도 가장 많이 아이를 쓰다듬고, 안아주고요. 그래서 자기 아이의 모든 면을 있는 그대로 부모만의 특별한 방식으로 포용할 수 있는 거예요."

내가 말하는 동안 남자의 얼굴에 미소가 점점 퍼졌다.

"그리고요?"

"아이가 새로운 걸 발견하는 순간도 너무 좋아요. 아무도 가르쳐주지 않았는데, 어느 날 계단 끝까지 올라갔다든가, 잘 가라며 손을 흔들 때요. 누구든 붙잡고 자랑하고 싶어요. 아이를 얼마나 사랑하는지, 아이가 얼마나 대단한지, 아이가 어떻게 날마다 새로운 것을 배워가는지…… 이걸 다 쓰려면 책 한 권이 모자랄 거예요."

나는 말을 멈추고, 잠시 내가 가장 소중히 여기는 사라의 모습을 떠올려보고는 그 많은 걸 어떻게 다시 열거할지 고민했다.

"또 뭐가 그렇게 예쁜지 알아요? 다른 어떤 아이보다 내 아이의 목소리가 너무 사랑스러워요. 또래 친구들과 부모들이 섞여 있는 무리 속에서 잘도 나를 발견하고 달려올 때도 가슴이 터질 듯이 기분이 좋아요."

나는 아침 식탁에서의 일들을 떠올렸다.

"늘 그렇게는 못해도, 아이가 달라는 것은 다 주고 싶어요. 설탕 입힌 시리얼이나 동물인형 같은 거요. 지금도 이루다 셀 수 없을 만큼 많지만요. 그것들이 아이에게 기쁨을 주면 부모는 그걸로 좋으니까. 설령 그 기쁨이 금방 사라지는 것이라도요. 그리고 아이가 말을 안 듣고 고집을 부리면, 너무 자주 그러긴 하지만, 애써 웃음을 감춰야만 해요. 너무나 소중하니까 더더욱. 아마 가장 좋은 건…… 누군가를 너무 너무 사랑한다는 것, 그 사람이 무엇을 하든 상관없이 무조건적으로 사랑한다는 거예요."

남자는 몸을 앞으로 기울여 팔꿈치를 테이블에 올리고는 양 손가락을 깍지 꼈다.

"그럼 이건 어때요? 만물을 창조한 하나님이 있다고 한다면 부인이 사라에 대해 느끼는 것과 똑같이 하나님도 부인에게 느끼지 않을까요? 엄마가 딸을 사랑하는 것만큼 하나님도 당신을 사랑하지 않을까요? 당신에게 무엇이든 다 주고 싶어하지 않을까요? 사라와 가까워지고 싶은 만큼 당신과 가까워지고 싶어하지 않을까요? 달리 말하면, 사라에 대한 당신의 사랑이 곧 창조주의 모습이 아닐까요?"

나는 테이블에서 떨어져 의자에 몸을 기대며 잠시 생각에 잠겼다.

"잘 모르겠어요."

나는 솔직히 대답했다.

"그렇게는 한 번도 생각해보지 않았어요."

그는 말을 이었다.

"사람들이 하나님을 가깝게 느끼고 싶어하는 갈망이 바로 하나님에게서 온 건 아닐까요? 하나님이 사람들 마음속에 그런 갈망을 심어놓은 건 아닐까요? 왜냐하면 정말로 그런 소통을 원하는 것은 다름 아닌 하나님이기 때문이죠. 애초에 인간을 설계할 때부터 그게 목적이었다면요? 그래서 인간은 하나님과의 친밀한 관계 없이는 완전하지 않다면요?"

"아마 그럴 수도 있겠지요."

"이게 사실이라면 남편분이 택한 길은 하나님이 미리 심어놓은 그 갈망에 응한 걸까요? 그렇다고 하면 남편분이 하나님과 가까워지고 싶은 바람이 얼토당토않은 것일까요, 아니면 지극히 당연한 것일까요?"

 어느새 우리의 얘기는 더 이상 가설을 다루고 있지 않았다.

하나님 없이도 만족스러울 수 있어요!

"말씀하시는 걸 들어보면 꼭 하나님을 믿고 계신 것 같아요."
나는 경직된 목소리로 말했다.
"네, 맞습니다."
"하지만…… 안 믿는다고 하셨잖아요?"
"천만에요. 종교가 싫다고 했죠."
"그거랑 뭐가 다르죠?"
"사람들이 신에게 닿으려는 그릇된 방법이 종교입니다. 좋은 일을 하고, 일정 규칙을 지키고, 일정 의식을 치르면

신에게 닿는 줄 알죠. 그런데 하나님은요? 전 물론 하나님은 믿습니다."

그때까지의 내 예상을 완전히 빗나가는 한 마디였다.

"그럼 하나님과 개인적으로 아는 사이가 되는 게 가능하다고 생각하시겠네요?"

"네, 가능하다고 알고 있습니다."

혈압이 치솟는 것만 같았다. 이게 다 계획된 연극이었어. 아까 비행기에서 만난 전도사와 같은 목적을 갖고 있었던 거야. 그의 방법이 먹히지 않자, 이 남자는 내 편을 들어주는 척했던 거야. 내가 홀딱 넘어가버렸다니!

"선생님도 아까 비행기에서 만난 남자분과 다를 게 없군요. 아니, 더 심해요! 여기 앉아 나는 내 결혼 생활에 대해 속마음을 숨김없이 털어놓았는데, 선생님이 노린 건 감언이설로 날 속여서 하나님 애길 하게 만드는 게 전부였어요. 아까 그 남자는 솔직하게 접근하기라도 했죠."

나는 라떼와 핸드백을 집으려고 손을 뻗었다.

"속이려고 했던 건 아닙니다."

남자가 말했다.

"전 단지 부인이 하고 싶다고 하셨던 얘기를 거들었을 뿐입니다. 왜 남편분이 지금 말씀하셨던 새로운 길로 들어서게 되었을지 알아보고 싶다고 하셨으니까요. 처음부터 대놓고 제 생각을 늘어놓을 순 없었습니다. 그런 얘기에 너무 마음이 굳게 닫히셔서요. 하지만 마음에 걸리는 문제들을 이리저리 진지하게 생각해보고, 부인 나름대로 결론을 내리려고 하셨던 거 아닌가요?"

물론이죠. 내가 그러려고 한 거 아니냐구요?

나는 가슴에 팔짱을 꼈다.

"좋아요."

나는 인정했다.

"제가 그렇게 말했나보죠."

나는 흥분이 가라앉기를 기다렸다. 그래도 여전히 솔직하지 못한 방법에는 분이 풀리지 않아. 애초 의도도 그렇고.

의심할 만한 증거가 없는 이상 그의 동기가 순수했다고 믿고, 얘기를 계속하기로 했다. 어차피 다음 비행기를 탈 시간도 얼마 남지 않았으니 정 못 들어주겠다 싶어지면 오래 견디지 않아도 될 거야. 그리고 종교를 믿긴 해도, 상담사니까. 혹시 정말로 도움이 될지도 모르지. 따지고 보면 여행 중에 기꺼이 공짜 상담을 해주겠다는 상담사가 몇 명이나 되겠어.

나는 내가 처한 특별 상황 '닉'의 문제로 대화를 되돌렸다.

"그렇지만 믿음을 추구한다고 해서 모두가 예수와 저녁을 먹었다고 주장할 정도로 광신도가 되는 건 아니잖아요. 누가 그런 얘기 하는 거 들어보셨어요?"

"솔직히, 오래전에 들어봤습니다."

"그렇다고 닉이 정말로 예수와 저녁을 먹었다고 믿으시진 않잖아요."

"믿을지, 안 믿을지는 부인이 결정할 일이라고 생각해요. 제가 도와드릴 수 있는 부분은 남편분이 하나님을 좋아하는 것이 이해가 될 수 있는 일이냐는 것입니다."

"그렇다고 생각하시잖아요."

"물론입니다. 하지만 제가 결정할 일이 아니죠. 부부로 같이 살아야 하는 사람은 제가 아니니까요."

"그러게요."

고맙기도 하셔라. 나는 라떼를 다시 한 모금 들이켰다.

"조금 전에 이런 얘기 하셨죠. 애초에 하나님이 인간을 설계할 때 부모 자식 간처럼 자신과 끈끈한 사랑과 애정으로 맺어지게끔 하려고 의도했다면, 그렇다면 우리 인간은 하나님 없이는 불완전한 존재일 거라구요. 그런데 말예요, 하나님은 일부 사람들에게만 필요한 목발 같은 존재라고 생각하지 않으세요?"

"그건 우리가 창조된 목적이 무엇이냐에 달려 있지 않을까 싶은데요."

남자가 대답했다.

"만약 우리가 하나님이 배제된 생을 위해 태어났다면, 그땐 하나님이 목발에 불과할 것입니다. 반대로 우리가 창조된 진짜 이유가 하나님과 누구보다 가까운 사이가 되기 위해서라면 하나님이 바로 인간이 창조된 목적의 실현인 거죠."

"그렇지만 그 말은 즉 사람이란 하나님과 친하게 지내지 않으면 사는 의미가 없다는 뜻이잖아요."

"네."

"그건 그렇지 않죠."

"사람들이 다른 것에서 진정한 만족을 느낀다고 생각하세요?"

"그럼요. 하나님 없이도 만족스럽게 사는 사람들이 얼마나 많은데요."

"본인도 그런가요?"

"아뇨. 하지만 제가 모두는 아니잖아요."

"생각보다 많은 사람들이 부인과 다르지 않을 겁니다."

"전 일에 있어선 대체로 만족해요."

"부모로서는요?"

"이 이상 바랄 게 없죠."

"그런데 아내로서는 그렇지 못하군요?"

나는 눈동자를 굴리며 잠시 생각에 잠겼다.

"맞아요. 만족도를 매기자면 그다지 높지 않아요."

"왜라고 생각하세요?"

"모르겠어요. '결혼이란 이럴 것이다' 라는 환상이 있었던 것 같아요. 그걸 갖고 결혼식장에 들어갔죠. 여자들이 다 그렇지 않나요? 뭐, 결혼식을 무사히 마치기도 전에 그 환상이 빗나가기 시작했지만요. 서로에게 반지를 끼워줄 때 목사가 반지의 의미를 '끝없는 사랑의 원(circle)'이 아니라 '끝없는 사랑의 서커스(circus)'라고 말했을 때 문제가 있다는 걸 알아야 했는데……. 나중에 들으니까, 주례를 본 것이 우리 전에 딱 한 번뿐이었고, 게다가 난독증이었대요. 왜 우리가 결혼식을 교회에서 했는지도 모르겠어요. 아무튼 결국 그 목사 말이 맞았어요."

"출발이 좋지 않은 사람들은 많아요."

"출발점이 틀렸던 거죠. 실제는 아니었는지 몰라도 최소한 기분은 늘 그랬어요. 결혼하기 전에는 그렇지 않았어요. 너무 좋았어요. 연애 초기에야 모든 게 마냥 좋지만요. 그러나 좀 지나면 지겨워지죠. 그런데 닉을 만날 땐 그렇지 않았어요. 그에 대한 흥미는 좀처럼 식지 않았어요."

"그 이유가 무엇 때문이었다고 생각하세요?"

"그 사람의 세계가 나를 중심으로 돌지 않았기 때문이었던 것 같아요. 자기 취업이나 진로를 중요하게 생각했거든요. 그런 점이 맘에 들었죠."

"지금은 그게 싫은 거잖아요."

"네, 정말 그래요. 내가 원했던 바로 그 남자…… 자기만의 세계가 있고, 너무 질척거리지 않는 그런 남자를 만난 것 같은데, 이젠 그것만으로 충분치가 않네요."

"지금의 결혼 생활이 어땠으면 하는데요?"

"그야 당연히 연애 때의 뜨거운 사랑의 감정을 다시 느끼고 싶죠. 그때의 열정이 영원할 수는 없겠죠. 그럴 수 있는 사람이 어디 있겠어요. 다만 그때처럼 우리가 하나라는 따뜻한 느낌은 바랄 수 있는 거잖아요. 처음의 뜨거운 열정은 결혼해 살면서 말하지 않아도 마음이 통하는 은근하고 깊은 애정으로 대체될 거라고, 그렇게 된다면 그건 그것대로 좋겠다고 생각했어요. 그런 일은 일어나지 않았지만요."

나는 남은 라떼를 마저 다 마시고, 얘기를 계속했다.

"그런 감정을 느껴본 적 있으세요? 오랫동안 함께 해온 사람과 눈빛만으로도 통하는 그런 교감이요."

"그럼요. 그게 생활인걸요."

"그러세요? 어떻게요?"

그가 싱긋 미소를 지었다.

"얘기하자면 좀 긴데요."

나는 얼른 시계를 보았다. 그럴 시간이 될까. 이 사람 비결이 뭔지 듣고 싶긴 한데.

그가 얘기를 다시 시작했다.

"지금 결혼 생활에서는 뭐 때문에 그런 교감을 나누지 못한다고 생각하세요?"

나는 잠시 고민해보았다.

"남편이 나를 잘 몰라주는 것 같아요. 날 안다고 생각하겠죠. 전혀 모르면서. 내가 무엇 때문에 화가 나는지, 진짜 꿈꾸는 것들이 뭔지, 내가 무엇을…… 모르겠어요, 일에 정말

오랫동안 남편을 빼앗겨왔는데, 이제는 예수라구요."

나는 의자에 허리를 곧게 펴고 똑바로 앉았다.

"이런 남자와 결혼할 생각은 추호도 없었다구요. 침대에서 내 옆에 누운 남편이 본다는 텔레비전 프로그램이 웬 남자가 사람들의 이마에 손을 대자 푹 쓰러지더니 곧 벌떡 일어나 병이 나은 척하는 엉터리 연극일 순 없어요! 그런 건 누구라도 봐주기 힘들지 않나요?"

남자는 키득거리며 애써 웃음을 참았다.

"닉이 그런 걸 보나요?"

"아뇨, 아직은요. 또 모르죠. 내가 화장실 간 사이에 몰래 틀어서 볼지."

남자는 이번엔 참을 수 없었는지 큰 소리로 웃었다. 내가 양치질을 하고 있는 사이 닉이 마치 성인 채널이라도 보려는 듯 조마조마해하며 그런 방송으로 채널을 돌리는 모습을 상상하니 나도 웃음이 피식 새어나왔다.

"결혼 생활이 좀더 기대를 만족시켜준다면……."

남자가 질문했다.

"그러면 만족하시겠어요?"

"아무렴 도움이 안 되겠어요."

"하지만 마음속 깊은 곳까지 채워질까요?"
"닉에게 그걸 기대하는 건 무리예요."
"닉이 아닌 다른 사람이었다면요?"
"글쎄요…… 아마도."
"예를 들면요?"
"가령……."
딱 한 사람이 머리에 떠올랐다.
"고등학교 때 1년 동안 사귀었던 남자친구가 있어요. 제이슨 페인이라고. 제가 완전히 푹 빠져 있었어요. 그 이후로 우리가 헤어지지 않았다면 지금 어떻게 되었을까 하는 생각을 가끔 해요."
카운터 앞에 길게 뻗어 있던 주문 줄이 다시 줄어들었다. 그럼에도 나는 목소리를 조금 낮추었다.
"사실 꽤 자주 그 사람 생각을 해요. 심하다는 거 알아요."
"마음이 어딘지 허전하기 때문인걸요. 그래서 그 사람과는 어떻게 됐나요?"
"나보다 한 학년 위였는데, 대학 때문에 스탠포드로 떠나게 됐어요. 난 초조하고 불안해지기 시작했죠. 그곳에서 그 사람은 다른 여자를 만날 테고, 나는 중부에서 계속 고등학교를 다녀야 하니 우리 관계는 이제 끝이라고 생각했죠. 그렇게 차일 때까지 아무것도 모르고 기다리고 싶진 않았는데, 그러던 참에 몇 가지 일로 날 화나게 했고, 그래서 그가 고향을 떠나기 전에 내가 먼저 헤어지자고 했어요. 내가 한 가장 멍청한 짓이었어요."

"그 사람과 살았다면 더 행복했을 거라고 생각하시는군요."

"흐음……."

진심을 말하려니 마음이 편치 않았다.

"네, 그런 생각을 해요. 그렇다고 지금 남편을 사랑하지 않는다거나, 전에 사랑하지 않았다는 뜻은 아니에요."

그는 의자에서 몸을 앞으로 내밀었다.

"제이슨하고 살았다고 해도 더 만족스럽진 않았을 거예요."

"그걸 어떻게 알아요?"

이 남자 참 당돌하기 짝이 없군.

"왜냐하면 제이슨을 아니까요."

"알다뇨? 제이슨 페인을요? 에반스턴 출신 제이슨 페인이요? 어떻게 알아요?"

나는 목소리에서 흥분을 가라앉히려고 애썼다.

"제이슨이 실리콘밸리 지역으로 이사를 온 후에 알게 됐어요. 아직도 거기 살아요."

"뭐 하면서요? 결혼했어요?"

정말 한심하게 들릴 질문이었다.

"했었죠. 두 번."

"두 번이요? 그새 결혼을 두 번이나 했어요?"

"네."

"어쩌다가요?"

"두 사람 모두 제이슨을 떠났어요."

"제이슨을 떠나요? 아니 왜요?"

"그 나름대로 문제가 있었다고만 해두죠. 다행인 것은, 그런 일이 있었는데도 지금은 아주 잘 지내고 있습니다."

"일로 만나신 건가요? 상담하시면서?"

"그렇다기보단, 개인적으로 알고 지내는 사이예요."

나는 도로 의자에 등을 기대고, 멍하니 앞만 바라보았다. 믿기지가 않았다. 지금껏 그 오랜 세월을 제이슨과 헤어지지 않았더라면 어떻게 되었을까 하는 공상을 혼자서 즐겨왔다. 그랬는데 방금 단 2분 사이에 산산조각이 났다.

"당신이었다고 해도 제이슨에게 도움이 되진 못했을 거예요. 사랑스러운 아내 이상의 것이 필요했으니까요."

때로 상담사들이 사람 속을 귀신같이 꿰뚫어 보고 있을 때가 정말 싫다.

"제이슨이 자기 문제를 잘 이겨낸 후에 만나서 결혼했다고 해도, 그때 역시 그에게서 궁극적인 만족을 찾진 못했을 겁니다."

"왜 안 돼요?"

내 환상을 깨버린 것으로 충분해. 그렇게 계속 쾅쾅 밟아댈 것까진 없잖아.

"왜냐하면 인간의 영혼은 인간관계로 채워지는 게 아니니까요. 누군가를 사랑하게 되면 가슴 설레는 두근거림이 시작되고, 그 뒤엔 전류가 흐르듯 뜨겁게 달아오르죠. 정말 멋진 시간들이죠. 그런데 곧 닳아 없어져요. 마침내 사람들은 하나의 관계를 찾아 날개를 접고 안착하게 되고, 사람과의 관계가 자신의 깊은 갈망을 채워주진 못한다는 걸 깨닫습니다. 인간관계란 게 원래 그럴 수밖에 없죠. 그러니 새삼스러울 것도 없어요."

"인간관계는 중요하지 않다는 건가요?"

"그런 뜻이 아닙니다. 진정한 마음의 충족은 피조물의 영역에서 찾을 수 없다는 말을 하는 거예요. 오직 하나님만이 인간의 마음을 완벽하게 채워줄 수 있죠. 인간이 신을 필요로 하게끔 창조되었으니까요. 신이 아닌 무엇도 채워줄 수 없습니다."

"과연 그럴까요? 주위를 보면 행복한 사람들이 늘 있잖아요."

"그들에 대해 얼마나 제대로 알고 계세요? 그들도 당신과 똑같을지 몰라요. 나름대로 의미 있는 삶이긴 하지만, 궁극적으로 모든 게 충족된 삶은 아닌 거죠. 다른 사람들과 있을 때 아무 일도 없는 듯 평온한 얼굴을 하는 것이 그렇게 힘든 일은 아니니까요."

"그렇지만 많은 사람들이 일이나 인간관계, 삶의 목표, 그 외 여러 가지 것에서 충족감을 느낀다고 생각해요."

그는 잠시 내 얼굴을 가만히 들여다보았다.

"정말 그렇게 생각하세요? 아닐걸요. 자신이 살고 있는 사회를 보세요. 사람들이 허전함을 메우기 위해 하는 것들을요. 술, 마약, 음식, 일, 텔레비전, 비디오 게임, 스포츠,

섹스, 쇼핑…… 이루 다 열거할 수 없습니다. 그런데 인간의 영혼을 한 치의 모자람도 없이 완벽하게 만족시켜주는 건 지구상에 없습니다."

"하지만 모든 사람들이 중독되거나 집착하는 게 아니에요."

나는 반박했다.

"그럼요, 안 그런 사람도 있죠. 아이를 키우는 데서 성취감을 찾기도 하고, 일과 가족의 조화로운 균형, 운동, 건전한 인간관계, 사회봉사에서 찾기도 합니다. 자신의 시간과 에너지를 바칠 수 있는 바람직한 일은 많으니까요. 하지만 이것들도 마음의 공허로움을 채워주진 못해요. 생의 마지막 순간에 다다르면, 제아무리 훌륭한 사회생활을 하고, 다복한 가정을 일구고, 아이들을 어엿한 어른으로 잘 키운 사람일지라도 결국은 미진한 무언가가 있습니다."

"그걸 어떻게 아세요?"

"우선, 많은 이들이 그렇게 말하니까요. 다른 사람에게는 좀체 이런 말을 않죠. 그렇지만 아무도 들어주지 않을 땐 제게 말해요."

"아, 상담사이니까요?"

"그런 점과도 관련이 있겠지요."

"사람들이 뭐라고 해요?"

"지금까지 겪어본 것만으로 충분하지 않은 게 있다고들 해요. 괜찮은 인생이었을지 모르지만, 마음 한구석이 여전히 허전하다고요."

"그 이유가 선생님은……."

"자신과 마찬가지로 유한하고 불완전한 다른 누가, 혹은 무엇이 영혼의 허기를 채워줄 수 있을까요? 만약 인간이 창조주와 누구보다 가까운 관계를 맺도록 창조되었다면, 그

하나님 없이도 만족스러울 수 있어요!

창조주를 떠나서 온전한 충족감을 기대할 수 있을까요?"

그는 냅킨으로 입술을 훔치고, 페이스트리 봉투 위에 내려놓았다.

"어쩌면 닉은 아내와 딸이 자신에게 소중한 만큼이나, 자신의 마음이 뭔가 다른 것, 현실을 초월하는 뭔가를 찾지 않으면 안 된다는 걸, 그게 없이는 결코 만족할 수 없다는 걸 깨닫게 되었을지 모릅니다."

"그리고……."

그의 말은 아직 끝나지 않았다.

"당신도 뭔가 궁극적인 것을 찾고 있습니다. 아직은 그런 줄도 모르고 계시지만요."

"저는 다만 지금보다 상황이 좋아지길 바랄 뿐이에요."

"바로 그게 문제입니다. 상황이란 대개 좋아지지 않습니다. 그게 인생이란 거죠. 사람들은 상황이 잘 풀리길 바라지만, 그런 일은 좀체 일어나지 않죠. 내일이 되면 또 내일 분의 좌절과 스트레스와 실망이 찾아옵니다. 상황이 더 나빠질 수도 있고, 직장을 잃을 수도 있고, 가족을, 친구를, 혹은 건강을 잃을 수도 있습니다."

"그렇겠죠."

내가 대답했다.

"그런 일이야 있을 수 있죠. 그렇지만 그런 가능성에 내 인생을 걸고 싶진 않아요."

그의 눈썹이 치켜 올라갔다.

"가능성이라구요? 그런 일은 일어나기 마련입니다. 누구에게든요. 우리에게서 빼앗아갈 수 없는 것은 딱 하나뿐입니다. 완벽한 마음의 충족을 발견하면, 그건 절대 빼앗기지 않습니다."

그가 느닷없이 일어나더니 의자를 테이블 밑으로 밀어넣었다.

"그만 가야 해요."

그가 말했다.

"왜요?"

"우리 비행기 탑승시간이 다 됐습니다."

"우리요?"

"턱산에 가시잖아요?"

하나님 목소리에 귀 기울이기

"그렇지만 탑승시각까지 20분이나 더 남았어요."
나는 시계를 보며 말했다.
"지금 탑승하고 있어요. 정말입니다."
"그걸 어떻게 아세요?"
"그냥 알아요. 가방 제가 들어드릴까요?"
나는 일어나서 핸드백을 여행가방 위에 올려놓았다.
"아뇨, 제가 가지고 갈 수 있어요."
우리는 게이트로 죽 걸어갔고, 아닌 게 아니라 정말로 이미 탑승이 진행 중이었다. 나는 탑승권을 꺼내서 살펴보았다. F석이면 창가 쪽이네. 최소한 가운데는 아니야.

안에 들어서니 비행기는 앞서 타고 온 것보다 그렇게 붐벼 보이지 않았다. 내가 앉을 줄까지 복도를 지나가며 보니 가운데 좌석이 대부분 비어 있었다. 내가 여행가방을 짐칸에 넣는 동안 상담 선생은 내 뒤에 서서 기다려줬다. 빈 두 자리를 지나 창가 쪽 내 자리에 앉고는 잘 가란 인사라도 하려고 몸을 돌렸다.

"좋은 말씀 잘 들었어요. 재밌는 대화였던 것 같아요. 어느 줄이세요?"

"여깁니다."

그렇게 말하더니 내 줄 복도 쪽 좌석에 앉았다.

"여기에요?"

나는 그의 손에서 비행기 티켓을 빼앗다시피 낚아채서는 눈으로 확인했다. 정말 나하고 같은 줄에 D석이네.

그리고 멋쩍게 티켓을 돌려주며 말했다.

"죄송해요. 다시 같은 줄에 앉게 된 것이 너무 신기해서요."

그는 티켓을 받아서 셔츠 주머니에 넣었다.

"우리가 두 번이나 같은 줄에서 나란히 앉게 되다니 우연

치곤 정말 대단한 우연 아니에요?"

내가 말하자 그는 별일 아니라는 듯 대답했다.

"그런가요?"

나는 핸드백을 가운데 좌석에 놓았다. 앉을 사람이 있을 것 같지도 않고, 또 대화가 원치 않는 방향으로 흐를 경우 일종의 완충 역할을 해줄 것이다. 여태껏 앉아서 주고받은 얘기가 마음의 궁극적 충족이니, 하나님이니…… 이런 거였으니, 대화 방향은 이미 내 의도를 벗어난 셈이다. 그런데 어찌된 일인지 이 상담 선생에게는 내 흥미를 끄는 무언가가 있었다.

스타벅스를 나서기 직전 남자의 목적지가 어디일지 잠깐 궁금하긴 했다. 그런데 이렇게 생전 처음 보는 두 사람이 두 번씩이나 같은 비행기를 타고, 옆에 나란히 앉아서 가다니 확실히 당황스럽고 어색했다. 더구나 인생의 의미에 대해 진지한 얘기까지 나누지 않았는가. 늦었지만 이제라도 통성명을 하고 정식으로 인사하는 게 좋을 것 같았다.

"소개가 늦었어요. 매티라고 해요."

나는 오른손을 내밀었다. 그는 엉거주춤 팔걸이 위로 팔을 구부려 악수를 했다.

"반갑습니다, 매티. 저는 제이라고 합니다."

"만나서 반가워요, 인사가 늦었지만."

"저도요."

그는 미소를 띠우며 말했다.

"턱산에는 무슨 일로 가세요?"

내가 물었다.

"일 때문에요."

"어떤 일을 하시는데요?"

"제 아버지하고 저는 말하자면, 관리 사업을 하고 있습니다."

"어떤 것을 관리하는 사업인데요?"

"뭐 웬만한 건 다 하죠."

시시콜콜 얘기하는 스타일이 아니로군.

"상담일 하시는 게 아니었어요?"

"그것도 하구요."

"그럼 부업으로 하시는 거예요?"

"아뇨, 그것도 일의 일부예요."

도대체 어떤 종류의 사업일지 상상이 되지 않았지만, 그만 신경을 끄기로 했다.

비행기 엔진의 회전 속도가 점점 빨라졌다. 나는 비행기가 활주로를 달려 이륙할 때까지 창밖을 바라보았다. 주변이 뿌연 구름으로 둘러싸이게 되자, 비로소 제이 쪽을 향했다. 아까 하다 만 얘기를 마저 하게 될 줄 알았는데, 그는 메모첩에 뭔가를 적고 있었다. 저건 어디서 났지? 손에 든 게 없었는데.

몇 번인가 그를 쳐다보았지만, 좀처럼 고개를 들지 않았다. 그래서 새로 산 책을 읽기로 했다. 스파크스의 모든 소설이 그렇듯 나는 이내 소설에 빨려들었다.

승무원이 음료수를 가지고 우리 줄까지 다가왔다. 나는 이번에도 크랜애플 주스를 주문했고, 제이가 대신 전해주었다. 그는 물을 주문했다. 그리고 둘 다 어딜 가나 빠지지 않는 프레즐도 받았다.

좋아하지도 않는 걸로 또 불필요한 칼로리를 늘리게 생겼군. 나는 프레즐 봉지를 뜯었다.

제이는 가운데 자리에 프레즐을 놓고는 뭔가를 다시 끄적거리기 시작했다. 나는 책을 펼치고 읽던 페이지로 돌아갔다. 1분쯤 지났을까. 나는 책을 내려놓고, 제이 쪽으로 몸을 기울이며 물었다.

예수와 함께한 가장 완벽한 하루

"뭘 쓰시는 거예요?"

"좋아하는 구절이 생각나서요."

"어떤 건데요?"

"시 같은 거예요."

"시요?"

나는 싱긋 웃었다.

"시인이라고는 하지 않으셨잖아요."

"다른 사람이 쓴 거예요, 사실은."

"왜요, 저를 감동이라도 시키려구요?"

나는 농담조로 말했다.

그는 미소만 지은 채 아무 말도 하지 않았다. 솔직히 말하면 그에게 이미 감동을 받았다. 이제껏 이런 사람은 만나본 적이 없었다.

"좀 봐도 돼요?"

그는 메모첩을 나에게 내밀었다.

"형식 없는 시예요. 그래도 영어로 쓰긴 했으니까."

나는 읽기 시작했다.

> 나는 끝없는 사랑으로 당신을 사랑해왔습니다.
> 거대한 산들이 흔들리고
> 언덕이 들판으로 변해 사라진다 해도
> 당신에 대한 나의 굳건한 사랑은 흔들리지 않습니다.
>
> 내가 어찌 당신을 포기할 수 있을까요?
> 내 마음은 되돌릴 수 없습니다.
> 당신에게서 가슴 벅찬 기쁨을 맛볼 것이며,
> 내 노래로 당신을 기쁘게 할 것입니다.

"정말 좋은데요."

나는 소감을 말했다.

"진한 감정이 전해져 와요. 누가 쓴 거예요?"

"제 아버지요."

"설마요? 어떤 사연이 숨겨져 있는 시인가요? 어떤 일을 계기로 이런 시를 쓰시게 된 거예요?"

"아버지가 하셨던 사랑이요. 너무도 절실히 되찾고 싶어 하셨죠."

나는 메모첩을 돌려주었다. 그는 그걸 가운데 의자에 놓고는 프레즐 봉지를 열었다.

"바로 이런 간절한 사랑으로 하나님은 매티를 사랑하고 싶어하세요."

그가 덧붙였다.

"열렬한 사랑이죠."

"열렬한?"

나라면 하나님에게 결코 붙이지 않을 수식어였다.

"하나님은 매티를 원하고 있어요. 영원히 사랑을 주고 싶어하세요."

나는 주스를 한 모금 마셨다.

"근데 난 하나님한테 사랑받고 있다는 기분이 안 들어요. 날 원하고 있다는 건 더더욱 말할 것도 없구요."

"그건 하나님의 목소리를 듣지 못하기 때문이에요. 처음엔 누구나 그래요. 인간은 신을 배격했고, 그 이후로 하나님의 목소리를 들을 수 없게 됐거든요."

"그런 말 누가 못해요. 모두가 하나님 목소리를 못 듣기 때문에 느끼지 못하고 있는 거라고 말하는 건 하나님이 존재하지 않는다는 거나 같아요. 가령 제가 '신이 있다는 걸 증명해보세요'라고 했는데, 선생님이 '당신의 귀는 그분의 목소리를 듣지 못합니다. 그렇지 않다면 들었을 텐데요'라고 말하는 거잖아요. 참 편리한 대답 아닌가요? 사실을 가져다가 그것에 맞게 이야기를 꾸며내는 거잖아요?"

"사람들이 하나님의 목소리에 완전히 귀가 막힌 건 아닙니다."

그가 대답했다.

"신의 사랑을 느낄 때 들리는 목소리만큼 뚜렷하진 않아도, 여러 다양한 방식으로 신의 목소리를 사람들은 듣게 되죠. 제가 지금 매티의 목소리를 듣고 있는 것과 몇 분 전 비행에 관한 기장의 말을 듣는 것이 다른 것처럼요. 기장이 뭐라고 하는 건지는 잘 안 들리잖아요. 뭐라고 했는지 알아들으셨어요?"

"아뇨."

"사람들이 하나님의 목소리를 들을 때도 비슷해요. 들리긴 하지만, 무슨 말인지 못 알아듣는 거예요. 사라가 세상에 태어났을 때, 그 아이를 품에 안고 처음으로 가만히 바라보았을 때, 누군가를 그토록 사랑할 수 있을지 믿기지 않았을 거예요. 그게 하나님의 목소리였습니다."

"바로 그런 기분이었죠. 이 작은 생명체가 어찌나 사랑스러운지 제 스스로도 믿겨지지 않을 정도였어요."

"캘리포니아 해안에서 태평양을 굽어보면 자신의 존재란 게 정말 작게 느껴지죠. 그러면서 분명 자신보다 더 위대한 존재가 이 세상 어딘가에 있을 거라는 확신이 들죠."

"그런 생각한 적 있어요."

"그게 하나님의 목소리죠. 매티가 남편을 사랑하지 못하고, 화내고 원망하고, 앙심을 품으면 죄책감이 들죠. 매티의 양심을 통해 하나님이 하시는 말씀이 죄책감으로 나타나는 겁니다. 그렇게 살라는 게 아니었으니까. 그렇게 되려고 세상에 나온 게 아니니까요."

나는 자세를 바꿔 잠시 창밖을 바라보았다. 줄다리기를 하듯 제이의 말에 마음이 이끌렸다가 곧 멀어졌다. 나는 다시 몸을 돌려 그를 바라보았다.

"그런지 모르겠지만, 화가 안 날래야 안 날 수 없는 상황이에요."

"압니다. 지금 제 얘긴 하나님이 매티의 마음을 향해 얘기하고 있다는 거예요. 모두 저 깊은 내면을 건드리는 말이죠. 하나님과 연결돼 있기 때문입니다. 하나님은 우리보다 더 큰 존재로, 우리가 상상하는 것 이상으로 우리를 사랑하고, 원망하기보다 용서합니다. 매티의 마음이 갈구하는 것은 그런 하나님과 마음을 나누는 것입니다. 그분만큼 기쁨이 넘치는 존재는 없으니까요."

기쁨이 넘쳐? 하나님이? 기쁨보단 그 반대쪽에 있는 지루함과 더 어울리지 않을까.

내 생각을 읽기라도 한 듯 제이가 말을 덧붙였다.

"하나님은 결코 지루하지 않아요. 이 세상의 그 어떤 존재보다도 재미있고, 흥미롭고, 매력 넘치며, 고상한 존재입니다. 이게 아닌 다른 모습일 순 없습니다. 하나님에게서 기쁨을 찾는다는 것은 한 마디로 최고의 즐거움과 기쁨을 얻는다는 뜻입니다. 그게 하나님의 모습이니까요."

"하나님에게서 기쁨을요? 농담이시겠죠."

"아뇨, 진심입니다."

"어느 누가 하나님에게서 기쁨을 찾을 수 있죠? 하나님을 믿는 건 이해하지만, 그래도 그건……."

"그건 하나님과 관계가 단절된 사람들이 그렇게 말하죠. 방금 하신 그 말이 얼마나 앞뒤가 안 맞는지 모르실 거예요."

"그게 무슨 뜻이죠?"

나는 다소 방어적인 태세로 되물었다.

그는 물을 한 모금 마시더니 무슨 생각인가 하는 듯했다.

"역사 속의 위대한 인물 중 한 사람과 맛있는 저녁을 먹으며 애기할 기회가 주어진다면 누구를 택하겠느냐는 질문을 들어보셨을 겁니다."

"네, 대충은."

"만약에 그랜드 캐니언을 조각하고, 로키산맥을 일으켜 세웠으며, 유전자에 암호코드를 만들고, 핵융합을 발명하고, 언어를 만들고, 또 별을 탄생시키고, 정의를 세우고, 모든 새 생명을 만들며, 끝없는 사랑을 주는 위인과 저녁을 먹을 수 있다면 어떻게 하시겠어요?"

"그런데 하나님은 저녁을 먹으러 찾아오지 않잖아요."

그가 조용히 미소를 지었다.

"그거야 모르죠. 제 말은, 하나님은 모든 사람이나 사물, 이 세상이 줄 수 있는 모든 경험을 월등히 능가한다는 것입니다. 신은 자신이 만들어낸 피조물보다 훨씬 더 크고 지극한 기쁨을 줄 수 있습니다."

"그렇지만 하나님이 설령 있다고 해도 만날 수 있나요? 어딜 가야 만날 수 있는 건지 누가 알겠냐구요."

"어딜 가지 않아도 돼요."

그가 대답했다.

"하나님이 이미 우리에게 오거든요. 이미 우리에게 손을 내밀고 있거든요. 그래서 인간이 되신 거예요."

"그건…… 닉이 우기는 것처럼 저도 정말로 예수님에게 저녁을 얻어먹게 되면, 믿을게요."

"믿어주는 건 의외로 어렵지 않답니다. 예수를 눈앞에서 볼 필요도 없어요. 하나님을 믿지 못하게, 하나님의 손을 잡지 못하게 막고 있는 것들을 놓아버리기만 하면요."

"그게 뭔데요?"

"뭘까요?"

나는 고개를 돌려 다시 창밖을 멍하니 바라보았다. 속에서 슬슬 부아가 치밀어 오르고 있었다. 다시 그를 향해 몸을 돌렸다. 그리고 목소리에 감정을 싣지 않으려고 애쓰며, 다른 사람들에겐 들리지 않게 작은 소리로 말했다.

"왜 하나님을 믿지 못하는지, 믿고 싶지 않은지 말해볼까요? 제 여동생은 어린 나이에 감당할 수 없는 수모를 당했어요. 성폭행을 당했다구요. 그것도 삼촌한테요. 여덟 살 때부터 자그마치 6년 동안이나 그 지옥 같은 일을 당해왔다구요. 난 그 사실을 한참 후에 알았어요."

여기까지 말을 멈추고 가슴을 진정시켰다.

"그 아이에게 인생은 없어요. 망가져버렸으니까. 내가 막았어야 했는데, 막지 못했어요."

나는 그의 눈을 뚫어져라 똑바로 바라보았다.

"그 아이에게 그런 일이 일어나도록 그냥 내버려두는 신이라면…… 믿을 수가 없어요."

내가 알던 기독교

그가 느릿느릿 나지막이 대답했다.

"고통스럽기 짝이 없는 세월이었겠지요. 하나님도 두 분만큼이나 그 일에 몸서리를 치고 있습니다. 하지만 이 세상에 존재하는 악을 하나님이 얼마나 막아주면 좋으시겠어요?"

"전부 다요!"

눈물이 고여 올라오고 있었다.

"전부 다요! 왜요, 못하나요?"

"아뇨, 하실 수 있습니다."

"그런데 왜 안 하죠?"

눈물 한 방울이 뺨을 타고 흘러내렸다. 아, 가관이군. 울음보가 터져버리다니.

"내 여동생을 보라구요. 그 일이 그 아이 인생을 어떻게 짓밟았는지. 고등학교에 들어가자 몸을 함부로 굴리기 시작했어요. 그러다 임신을 하고, 결국 졸업도 못하고 학교를 관뒀어요. 그 앤 남자란 인간을 믿지 못해요. 인간 말종 같은 놈팽이들과 두 번 결혼에 실패했어요. 마땅한 직장도 못 구하고, 술에 절어 있기 일쑤고, 그러면서 집으로 데려오는 남자들에게서 '될 대로 되라'는 식의 출구를 찾죠. 이게 하나님이 그 아이를 위해 세워놓으신 인생 계획인가요?"

나는 핸드백에서 휴지를 꺼내 눈물을 훔치고 그를 올려다보았다. 그때 내 눈에 들어온 건 정말 예상 밖의 모습이었다. 그의 눈에도 눈물이 그렁그렁했던 것이다.

"아닙니다."

침착한 목소리였다.

"아뇨. 그건 하나님이 동생을 위해 준비한 궁극적인 계획이 아닙니다. 그 많은 고통을 겪으며 살아왔다는 것을 생각하면 가슴이 아픕니다. 하나님 아버지도 고통으로 가슴이

미어질 것입니다."

그의 눈물을 보니 다시 눈물이 나왔다.

"그러면 왜 막지 않았죠?"

"매티, 그 일은 어떤 말로도 설명될 수 없어요. 어떤 이유를 대도 당신이 겪은 고통을 가져가주지 않아요. 그렇지만 이것만은 말씀드릴 수 있어요. 하나님은 사람들을 창조할 때 애초에 설계했던 모습으로 회복시킨다는 겁니다. 하나님을 만나서 사랑하는 사이가 되는 거죠. 그들 스스로의 선택으로요. 그러면 언젠가 악은 사라지고, 오직 선만이 남을 것입니다."

"그렇지만 이 세상에서 그런 악을 저지르는 사람들은요?"

"모든 일에는 상벌의 대가가 따릅니다. 피해자는 억울함을 풀고, 가해자는 처벌을 받습니다. 악은 제거되고, 선행은 보상을 받아요. 어려운 점은 그런 상벌이 살면서 주어지지 않는다는 거죠. 때로는 얼마나 잔악한 악행인지, 어떻게 돼야 옳은 건지도 알면서요."

"왜 기다려야 하는 건지 이해가 안 돼요."

"인간이 신에게 등을 돌렸을 때, 인간은 스스로를 악의 구렁텅이로 빠뜨렸습니다. 인간에 대한 사랑이 너무나 크기에 하나님은 인간을 자신이 애초에 의도했던 모습으로 되돌리려고 노력하고 있습니다. 하지만 사람들에게 강요하진 않습니다. 그래야만 사랑이 효과를 발휘할 수 있으니까요. 사랑받을 것인지 선택해야 하고, 사랑을 줄 것인지도 스스로 선택해야 합니다. 자유롭게 선택할 수 없다면 그건 사랑이 아닙니다."

"그래서 그게 다인가요?"

나는 다시 한 번 휴지로 눈물을 찍어내며 물었다.

"이 모든 불행들과 부대끼며 살 수밖에 없다는 건가요?"

"인간이 잃어버린 것을 되찾는 일은 한 사람 한 사람이 바뀌어야만 하는 지난한 과정이죠. 하나님으로부터 한번 멀어진 인간의 마음이 생명과 선의 근본으로 되돌아가는 것은 쉽지 않습니다. 회복된 것처럼 보여도 그렇지 않아요."

"그건 억울해요. 내 동생이 그런 짐승만도 못한 수모를 자청한 게 아니잖아요."

"맞습니다. 부당하고, 끔찍한 일이죠. 얼마나 힘들고 고통스러운 일인지 하나님이 잘 압니다."

"그럴까요? 정말 알고 계실까요? 저 위에 어딘가에 앉아서 그저 내려다보고 있을 텐데 그 고통을 어떻게 알죠?"

진심으로 상심한 표정이 그의 얼굴에 역력했다.

"하나님이 그럴 거라고 생각하세요? 사람들의 고통을 나 몰라라 한다고 생각하세요?"

"그런 것 같은데요."

"인간에게 버림받은 것은 신에게 이루 말할 수 없는 고통이었습니다. 자기 자식들이 암흑의 세계로 떨어지는 것을 지켜봐야만 했으니까요. 마약 때문에 사라의 인생이 낭떠러지로 추락한다면 그걸 지켜보는 심정이 어떨지 상상이나 되세요?"

생각만 해도 가슴이 오그라들었다.

"좋아요. 우리를 지켜보는 하나님이 고통스러웠다고 치죠. 그런데 그 고통에 뒷짐 지고 있잖아요."

그는 머리를 내저었다.

"아뇨, 그렇지 않습니다. 하나님은 할 수 있는 모든 일을 했습니다. 앞 비행기에서 만났던 남자분, 하나님 얘기를 했던 분 기억하세요?"

"어떻게 잊겠어요."

"그분은 매티가 어떤 사람인지, 지금 어떤 상태인지 몰랐죠. 그래서 돌려서 말할 줄도 몰랐구요."

내가 알던 기독교

"당연히 그렇게 말하면 안 돼죠."

"하지만 그분 말씀 중에 옳은 것도 있습니다. 하나님이 인간을 되찾으려다 바로 그 인간의 손에게 엄청난 수모를 당했다는 얘기는 맞습니다. 〈패션 오브 크라이스트〉 보셨을 거예요."

"괜히 봤다 싶었죠."

"예수 그리스도가 감내했던 그 모진 고통은 인간이 지은 원죄에 대한 벌을 하나님이 대신 받은 것으로밖에는 설명이 되지 않습니다. 당신이 사랑하는 인간과 다시 이어질 수 있다면 무엇이든 했을 겁니다. 목숨이라도 바쳤을 것입니다."

"설령 예수가 인간을 위해 죽어간 하나님이었다고 해도 그게 무슨 소용이죠? 이 세상은 여전히 비틀려 있어요. 그로부터 2천 년이나 지났잖아요."

"예수가 행한 일은 하나님에게로 회귀하는 길을 열었다고 할 수 있어요. 처음부터 다시 시작할 수 있도록 용서를 베풀고, 하나님을 마음으로 받아들일 기회를 베푼 것이었죠."

"그 다음엔요? 뭘 하죠? 하나님을 만나 마음으로 받아들이게 되면, '이봐, 나 하나님을 찾았어'라고 말하면 그걸로 끝인가요?"

남자는 웃었다.

"아뇨, 그렇지 않아요. 일단 하나님에게 마음이 열리면, 인간관계를 돈독히 할 때와 마찬가지의 노력을 하죠. 같이 대화하고, 그래서 더 잘 알고 싶어하고, 하나님에게서 기쁨을 얻는 법을 알아갑니다."

"그게 기도라는 거죠?"

"네. 그 단어로는 충분한 설명이 되지 않지만요."

"그렇지만 기도는 누구나 할 수 있잖아요."

"그러나 누구나 하나님의 얘길 들을 수 있는 건 아닙니다. 진실한 관계가 아니라면요. 정말 깊은 사이가 되면 마음으로 대화를 나누잖아요. 하나님과 굳건한 관계가 맺어지면, 하나님이 가르쳐주죠."

"뭘요?"

"듣는 법을요."

"지금 남편이 하고 있는 게 그런 걸까요?"

"그것도 있겠지요. 하나님의 말씀을 듣는 것이 가장 중요한 부분입니다."

"그런데 그게 정확히 무슨 뜻이죠? 닉은 최근 들어 성경을 읽기 시작했어요. 그렇게 성경을 읽는 것 말고요. 성경을 읽는 건 누구라도 할 수 있잖아요."

"네, 하지만 모든 사람이 지금 닉처럼 하나님 말씀을 들을 수 있는 건 아닙니다."

나는 어안이 벙벙해졌다.

"왜요? 닉이 어디가 그렇게 특별한데요?"

물론 내 남편이고, 능력도 있는 사람이긴 하지만 그렇게까지 비범한 축에 속해 보이진 않으니까.

"닉이 특별한 이유는 이제 더 이상 예전의 닉이 아니기 때문입니다. 하나님에게 새로운 영혼을 부여받았으니까요."

"하지만 그게 종교를 믿는 것과 뭐가 다른데요? 같은 거잖아요."

저 멀리 뒷줄에서 아이 울음소리가 들렸다. 나는 그쪽으로 고개를 돌렸다. 아까부터 울고 있었던 것 같은데, 대화에 정신이 팔려서 전혀 의식하지 못하고 있었다. 3년 전만 해도 아이의 울음소리만 들으면 괴로워 미칠 지경이었는데, 내 아이를 갖고부터는 인내심이 생겼다. 아이 엄마는 자리에서 일어나 아이를 복도에 내려놓고 비행기 뒤편에서 걸음마를 시켰다. 그제야 나는 고개를 제이 쪽으로 돌렸다.

"전혀 달라요. 오히려 정반대죠. 종교를 믿는다는 것은 대개는 밖으로 보이는 표면적인 것입니다. 이것을 해라, 저건 하지 마라, 여기로 가라, 저기엔 가지 마라 등등이요. 하지만 새 영혼을 부여받는다는 것은 안에서부터 완전히 새 사람이 되는 거죠. 하나님에게 믿음을 주면, 하나님은 새로운 영혼, 깨끗한 영혼을 주는 거랍니다."

"그건 새로운 자세나 마음가짐 같은 건가요?"

"아뇨, 진짜 인간의 영혼이요. 예전 영혼은 하나님에겐 죽은 영혼이죠. 그것으론 하나님과 소통할 수 없습니다. 새로운 영혼, 하나님이 보기에 살아 있는 영혼이 있어야 하나님 안에서 살고, 가장 진실되고 깊은 관계를 맺을 수 있죠. 그런 관계에 이르면 하나님의 목소리가 들리죠."

"그러니까 지금 닉에게 일어나는 일이 그런 거란 말씀인가요?"

"네."

"남편이 진짜로 소리가 나는 신의 목소리를 듣는 건 아니죠?"

"네, 그럼요. 그럴 필요가 없어요. 하나님의 영혼, 성령이 직접 닉에게 얘기할 수 있으니까요. 성령은 대개 그런 얘기를 글로 쓰여진 하나님의 말씀을 통해 하고요."

"성경 말인가요?"

"맞습니다."

"자, 그럼 하나님과 그런 사이가 된 사람이 있다고 해요. 그럼 하나님은 그 사람에게 무슨 얘길 하죠?"

"일단, 아까 제가 썼던 그런 얘길 해주죠."

"그 시요? 그건 선생님 아버지가 쓰신 연애시잖아요?"

"하나님이 제 아버지세요."

하나님이 자기 아버지라니, 허무맹랑하고 한편으론 알 수 없는 소리였지만, 그냥 넘어가기로 했다.

"그게 성경에서 나온 구절이었어요?"

"네."

"저는 성경이 착한 사람이 되는 법이 잔뜩 써 있는 법전 같은 건 줄 알았어요."

"그렇다면 성경에 담긴 메시지를 완전히 놓치신 거예요."

그는 펜을 집어들고는 메모첩에 몇 단어를 더 끄적였다. 그러고는 그것을 나에게 건네주었다.

"이게 법전에 나오는 소리 같으세요?"

나는 그가 쓴 글을 읽어 내려갔다.

> 그리하여 이제 나는 당신을 유혹할 것입니다.
> 당신을 데리고 사막으로 들어가
> 당신에게 부드럽게 속삭일 것입니다.
>
> 내 두 손바닥에 당신을 새겨 넣었습니다.
> 신랑이 신부에게서 환희를 맛보듯
> 저는 당신으로 인해 기쁘고 즐겁습니다.
> 그래서 내 가슴은 당신에 대한 그리움으로 사무칩니다.
> 언젠가 당신은 나를 '나의 남편'이라고 부를 테죠.
> 나는 당신과 영원히 부부가 되어
> 당신과 사랑으로 하나가 될 것입니다.
>
> 당신에게 닿고자 나는 영혼이 되었습니다.
> 나는 당신에게 양분을 주고, 고이 아껴줍니다.
> 당신을 위해 나를 내놓습니다.
> 당신을 위해 내 목숨을 바칩니다.

나는 시선을 들어 그를 보았다.

"성경에 이런 게 쓰여 있다구요?"

"네. 하나님이 하고 싶은 말이니까요. 하나님의 말씀을 읽는 사람들에게 진정 하나님이 하고 싶은 얘기입니다. 고단한 하루를 보내는 동안 그들의 귀에 속삭여주고 싶은 얘기랍니다. 걸음을 멈추고, 조용히 귀를 기울이는 이에게 하나님은, 이런 얘기를 아주 많이 그들의 가슴에 대고 들려주고 싶어하시죠. 예수가 지상에서 그렇게 살았답니다. 아버지의 목소리에 열심히 귀를 기울였죠."

"그럼 기독교를 믿는다는 건 그저 조용히 앉아서 귀를 기울이는 건가요?"

"아뇨, 우리를 사랑하는 하나님과 함께하는 삶은 많은 것을 의미하죠. 한마디로 요약하면, 하나님을 사랑하고, 다른 사람을 사랑하는 것입니다. 그런데 그 일을 적절히 해내는 사람은 아무도 없습니다. 신만이 할 수 있죠. 하나님이 인간과 연을 맺고, 그들을 통해 초자연적인 삶을 사는 이유가 여기에 있습니다. 사랑으로 넘치는 삶은 하나님이 인간을 통해 흘러넘치기 때문인 거죠."

"열심히 귀 기울이면 그렇게 되나요?"

"어느 정도는요. 하나님의 마음이 우리에게 향해 있다는 것을 절감하면 우리의 마음이 바뀌죠. 우리를 얼마나 사랑하고, 너그러이 용서하는지, 얼마나 따뜻하게 감싸주고, 기쁨을 주는지 들린답니다. 우리가 하나님의 가족 안에서 얼마나 특별한 자리를 차지하고 있는지 들리죠. 끊임없이 이런 메시지가 들려오는 곳에서 산다면 그 기분이 어떨까요?"

"행복하겠죠."

"매티도 그렇게 될 수 있어요. 예수 그리스도를 믿으면 그 안에서 그런 행복을 찾을 수 있습니다."

나는 지금까지 내 귀에 들려왔던 메시지들을 떠올려보았다. '완벽한 엄마가 되어야 한다, 완벽한 아내가 되어야 한다, 전문인으로 성공해야 한다, 모델처럼 젊고, 예쁘고, 늘씬해져야 한다.' 어떤 여자가 이 모든 기준에 부합할 수 있단 말인가?

그의 말이 이어졌다.

"하나님이 매티에게 하려는 말은 매티에게 매일 꼭 필요한 말입니다. 사라가 매일 엄마의 얘길 듣고, 엄마의 사랑을 받아야 하는 것처럼요."

나는 사라를 생각했다. 그 다음엔 왜 그런지 줄리 생각이 났다.

"줄리는요?"

내 질문은 사뭇 비장했다.

"그 애는 하나님의 사랑을 별로 느껴보지 못했어요."

"하나님이 줄리를 사랑하지 않는 게 아닙니다. 이것만은 말씀드릴 수 있어요. 줄리는 그 모든 고통 속에서 하나님에게 돌아가는 길을 택할 것입니다. 하나님의 사랑을 영혼 깊이 느끼게 될 겁니다. 그러면 언젠가 하나님이 손수 줄리의 눈에 눈물이 맺힐 때마다 닦아내줄 날이 옵니다. 다시는 상처받지 않을 거예요. 지금 받은 상처는 그때가 되면 하찮게 보일 거구요. 왜냐하면 줄리에겐 하나님이 생겼으니까요."

"하지만 지금은 너무 힘든 시간을 보내고 있어요. 그래서 저도 마음이 너무 아프고요."

"그런데 동생도 언니 때문에 마음 아파할 거예요. 자기 때문에 언니도 고통을 겪고 있으니까요. 중요한 건 고통을 겪고 있다는 사실이 아닙니다. 고통은 모두가 겪지요. 고통을 초월한 듯 보이는 사람조차도 예외가 아니죠. 하나님이 인간의 고통보다 더 크기에, 그 고통을 치료해줄 수 있어요. 하나님의 사랑이 모든 상처를 치유해줄 겁니다."

나는 의자에 털썩 등을 기댔다. 뭐라 말할 수 없이 당혹스러운 기분이었다.

"이건 제가 알고 있었던 기독교와 완전히 다른데요."

"사람이 창조된 의도가 기독교예요. 하나님을 받아들이고, 그분의 사랑을 깨닫고, 교감을 나누는 거죠."

종교를 믿고 싶지 않은 건 분명했지만, 이렇게 궁금해진 마당에 묻지 않을 수 없었다.

"그래서 제가 뭘 어떻게 해야 하는 거죠?"

"완벽한 사랑에 손을 내밀고 싶으냐는 질문에 대답해보세요."

이제 어떻게 해야 하죠?

천장에 매달린 스피커에서 승무원의 목소리가 들렸다. 곧 턱산에 착륙한다는 안내방송이었다. 제이는 간이 테이블을 접어넣었다. 의자는 뒤로 젖히지 않은 그대로였다.

나는 말없이 앉아 생각에 잠겼다. 내가 도대체 무슨 생각을 하고 있지. 하나님을 피해서, 닉과 이혼할 마음을 먹고, 여기 이렇게 비행기를 탔는데 이제는 내가 종교의 길로 가야 한다는 건가.

나는 제이가 내 쪽을 돌아보길 기다렸다가 입을 열었다.

"가정을 지키기 위해선 닉과 같은 길을 가야 한다는 뜻인가요?"

"아닙니다."

"거의 그런 것 같은데요. 닉은 이미 자기가 가야 할 길로 들어섰고, 앞으로 점점 더 저에게서 멀어지겠죠."

"매티가 그걸 어떤 의미로 받아들이냐에 달려 있어요."

제이는 말했다.

"지금 닉이 멀리하고 있는 게 있다면 하나님 없이 마음의 충족을 찾으려 했던 헛된 노력일 겁니다. 이제는 메워지지 않았던 영혼의 허기를 하나님에게서 채우려 하고 있습니다. 만약 영혼의 허기를 채우는 것이 두 사람이 공감대를 이루는 부분이라면 매티 말대로 같은 길을 가는 것이 옳겠지요."

그다지 희망적으로 들리진 않는군.

"하지만 아주 현실적인 의미에서 보면, 닉은 사실 가족과 가까워지고 있습니다. 아내를 점점 더 진정으로 이해하고 사랑할 줄 알게 될 테니까요. 매티가 결혼 생활에서 바라는 게 자신을 알아주고, 사랑해주는 남편이잖아요."

"네. 그렇게만 된다면야 좋겠죠."

"닉은 갈수록 좋은 남편이 되어갈 거예요. 물론 결코 완벽해질 수는 없습니다. 매티의 내면 깊은 곳의 허전함까지 닉이 채워줄 수 없으니까요. 오직 하나님만이 할 수 있죠."

그럴지도 모르지만 그래도 하나님보단 남편에게서 받고 싶어.

"닉이 변하고 있고 더 잘 사랑할 줄 알게 될 거라고 하셨는데, 어떻게요?"

너무 내 생각만 하는 것처럼 들릴지 몰라도 다른 말이 떠오르지 않았다.

"어떻게 그렇게 되죠? 닉이 종일 앉아 성경을 읽고 하나님의 목소리를 열심히 듣는다고 해서 날 사랑해주고 있다는 기분이 들 것 같진 않아서요."

"지금 닉이 그러고 있나요?"

"그건 아니지만요."

사실 닉의 뜬금없는 하나님 사랑에 내가 거부반응을 보이긴 하지만, 지난 몇 주 사이 더 좋은 남편이 된 것은 부인할 수 없었다. 그런 점에 후한 점수를 준 것은 아니었지만, 확실히 전보다 마음 씀씀이가 세심해졌고, 자기 생각만 하는 것도 줄었고, 같이 있을 때 딴 생각을 하는 일도 줄었다. 무엇보다 일부러 시간을 내서 사라를 봐주고 있는 건 정말 대단한 발전이지.

"사랑하는 법을 제대로 배우자면 시간이 걸리죠. 자신의 이기적인 욕심을 버리고, 다른 사람을 위해서 살아야 하니까요. 이건 쉽게 바꾸기 힘들죠. 그래서 언제까지 얼마만큼 될 거라는 시간표를 적용할 순 없습니다. 교실에서 수업을 듣는 게 아니니까요."

"그래도 수요일마다 새벽 6시에 일어나서 최근부터 다니기 시작한 모임에 나가는 것은 정말 거슬려요. 성경 스터디인 모양인데, 너무 닉답지가 않아요."

속좁은 마누라라고 해도 할 수 없어.

제이는 웃음을 터트렸다.

"닉이 스스로 뭔가를 찾아서 배우는 게 참 낯설죠? 그런데 이런 생각은 안 드세요? 그 모임에 있는 사람들이 어쩌면 닉이 하나님 사랑을 마음 깊이 느끼고, 그래서 가족을 더 많이 사랑할 줄 알게 도와주고 있다고요."

"전혀요. 그렇게는 한 번도 생각해보지 않았어요."

"지금은 보이지 않겠지만, 닉은 나름대로 결혼 생활을 잘 지켜나가고 있어요. 두고 보면 매티가 생각지도 못했던 훌륭한 남편이 돼 있을 겁니다. 이제 남은 문제는 매티가 그런 멋진 아내로 변화할 것이냐죠. 그렇게 되는 유일한 길은 하나님을 매티 안에 받아들이고, 하나님의 목소리를 듣는 법을 배우는 거예요."

비행기가 얼마나 왔는지, 시간이 얼마나 지났는지 전혀 신경쓰지 않고 있었기 때문에 비행기가 덜컹 하고 내려앉았을 때 소스라치게 놀랐다. 활주로를 얼마 달리지 않아서 비행기는 게이트에 멈춰 섰다.

나는 생각에 잠겨 가만히 앉아 있었고, 늘 그렇듯이 모든 승객이 일제히 일어섰다. 남미 출신으로 보이는 부부가 어린아이와 갓난애를 데리고 복도 건너편 좌석에서 일어났다. 아이 엄마가 우리가 앉은 쪽 짐칸을 올려다보았다.

제이가 자리에서 일어서더니 유창한 스페인어로 그녀에게 뭐라고 말을 걸었다. 그러자 여자는 미소를 지으며 짐칸을 가리키며 뭐라고 대답했다. 제이는 짐칸에 손을 뻗어 작은 여행용 가방 두 개를 꺼내 복도에 내려놓았다.

그리고 나를 향해 돌아섰다. 나도 자리에서 일어섰다.

"도대체 몇 개 국어를 하세요?"

"다요."

"다라뇨?"

"전부 다요."

"모든 언어를 다 한다구요?"

"네."

"북경어로 아무 말이나 해보세요."

그는 중국어처럼 들리는 언어로 뭐라고 말했다. 나는 뭐라고 해야 할지 알 수가 없었다.

"모든 언어를 할 줄 아는 사람은 없어요. 수천 개나 된다구요."

"저는 하는데요."

나는 그저 얼굴을 빤히 처다보았다.

"연습할 시간이 아주 많았거든요."

우리 줄 가까이까지 복도에 서 있던 승객들이 빠져나갔을 때 제이는 내 쪽으로 몸을 구부리곤 말했다.

"하나님 목소리 듣는 얘기 했었잖아요."

"그랬죠."

"그럼 시험 한번 해보실래요?"

"그러죠, 뭐."

시험을 어떻게 할지 전혀 감이 오지 않았다.

그는 승객들이 내는 잡음보다 한 톤 높게 내 귀에 대고 속삭였다.

"동생 줄리가 언젠가 아들을 갖게 되면, 애 옷 걱정은 말라고 말해주세요. 언니한테 빌리면 되니까요."

"그렇지만 우리는 딸애인걸요."

"알아요. 그렇지만 1월이 되면 남자아이 옷이 많이 생길 거예요. 축하해요."

그는 환한 미소를 지으며 복도로 나서서 기내를 걸어 나갔다.

나는 할 말을 잃은 채 그 자리에 그대로 얼어붙었다. 아무에게도 그 애길 안 했는데. 닉에게조차.

몇 초 후 멍한 상태에서 깨어난 나는 최대한 신속하게 물건을 챙겨 복도를 지나던 세 사람을 떠밀다시피 하면서 끼어들었다. 죄송해요. 뒤쫓아가야 할 사람이 있어서요. 여행가방을 끌고 부리나케 기내를 빠져 나온 다음, 삼삼오오 걸어가는 사람들을 이리저리 피해가며 터미널로 이어지는 이동식 연결로를 쏜살같이 달렸다.

"죄송합니다. 죄송합니다!"

뛰쳐나오다시피 터미널로 나온 나는 황망히 좌우와 정면을 살폈다. 없다. 다시 사방을 둘러보았다. 흔적도 없어.

나는 머리 위의 전광판을 바라보았다. 지상 대중교통은

오른쪽 방향이었다. 나는 게이트와 상가와 비행기를 기다리는 사람들을 획획 지나치며 달렸다. 그 와중에도 눈으로는 사방을 훑고, 머릿속으론 방금 전까지 몇 시간 동안 그와 나눈 대화를 더듬으며 단서를 찾았다.

바로 그때 팟 하고 생각나는 게 있었다. 등잔 밑이 어둡다더니, 여태 바로 내 눈앞에 있었는데, 모르고 있었다.

나는 터미널 끝 쪽으로 뛰기 시작했다. 안내 센터가 시야에 들어오자 그쪽으로 방향을 틀었다.

"호텔 셔틀버스는 어디에서 타나요?"

가쁜 숨을 몰아쉬며 물었다. 셔틀버스 승강장에 가면 있을 거야. 나는 스스로를 안심시켰다.

안내소의 남자는 바깥에 있는 승강장을 손으로 가리켰다. 나는 여행가방을 끌고 그 길로 단숨에 내달렸다. 사람들을 하차시키고 있던 차 두 대를 잽싸게 피하며 호텔 셔틀 차선에 다다랐다. 앞 벤치는 텅 비어 있었다. 왼쪽을 바라보았다. 두 개 차선 너머 좀더 아래쪽으로 낯익은 얼굴이 보였다. 택시 한 대가 그를 태우려고 속도를 줄이며 다가가고 있었다. 나는 짐을 내팽겨둔 채 택시를 향해 전력질주를 했다.

"잠깐만요!"

나는 소리를 질렀다.

"잠깐만요!"

남자는 앞쪽 승객석 창문으로 택시 운전사에게 뭐라고 말하고는 자기 쪽으로 달려오는 나를 향해 몸을 돌렸다. 그런데 처음 보는 사람이었다.

"아, 죄송합니다. 친구인 줄 알았어요."

"괜찮아요."

남자는 택시 뒷문을 열고 몸을 실었다.

나는 다시 내 짐이 있는 쪽으로 터벅터벅 걸었다. 꼭 그 사람 같았는데. 그냥 흔적 없이 사라진 건가? 나는 오른쪽으로 눈을 돌려 유리문을 통해 터미널 안을 살폈다. 역시 없었다. 수하물 찾는 곳에 가볼까 하는 생각도 스쳤다. 그렇지만 몸에 지닌 것조차 아무것도 없는 사람에게 큰 짐이 있을 리가 없지. 짐이 왜 필요하겠어?

승강장으로 차가 들어오는 소리가 들렸다. 고개를 돌려 어깨 너머를 바라보니 내가 탈 셔틀버스가 들어오고 있었다. 걸음에 속도를 붙였지만, 버스가 나보다 먼저 벤치 앞에 도착했다.

"잠깐만요!"

나는 거리를 좁혀가면서 소리쳤다.

버스 운전수가 버스 뒤쪽에서 나타나더니 내 짐이 있는 곳까지 걸어왔다. 내 여행가방을 집어드는 그의 레게 헤어스타일이 눈에 들어왔다.

"그 작은 가방은 가지고 탈 건가요, 뒤에 실을 건가요?"

자메이카 어 억양이 섞여 있었다. 아니면 최소한 자메이카 어처럼 들리는 억양이었을지도 모르겠다.

"가지고 탈게요. 고맙습니다."

그는 내 여행가방을 버스 뒤 트렁크에 실었고, 나는 버스에 올라 앞자리를 살폈다. 비어 있었다. 나는 운전석 바로 뒷줄에 앉았다. 자메이카 운전수는 자기 자리에 앉더니 기어를 주행으로 넣었다.

"조금만 기다려주실 수 있을까요? 더 탈 사람이 있을 것 같아서요."

"그러죠, 뭐."

운전수는 백미러로 나를 바라보았다. 나는 제이의 얼굴이 나타나기를 기대하면서 창밖을 바라보았다. 자기를 제이라고까지 했는데. 내가 왜 그렇게 둔했지?

운전수는 콧노래를 부르기 시작했다. 1분이 지나자 허리를 일으켜 세우곤 내게 물었다.

"그만 가도 될까요? 조금 더 기다려볼까요?"

나는 마지막으로 한 번 더 둘러보고는 실망감을 애써 떨쳐내며 말했다.

"그만 가셔도 돼요."

버스는 승강장을 빠져나와서 공항출구를 향해 출발했다. 운전수는 레게 음악을 틀었고, 나는 골똘히 생각해보았다.

왜 그런 식으로 떠난 거지? 최소한 닉은 그가 누군지도 알고, 질문할 시간도 있었잖아. 왜 누구라고 말하지 않고, 자신의 정체가 저절로 드러날 때까지 기다렸을까?

내 앞에 나타난 이유가 도대체 뭐지? 닉 앞에 나타난 이유는 또 뭐였지? 우리가 특별해서는 아니잖아. 늘 사람들을 만나러 다니는 건가.

생각하면 할수록 이 우연한 만남이 황당하면서 동시에 맥이 빠지는 기분이었다. 그래서 이제 어쩌라고? 이런 경험을 하고 난 후엔 뭘 어떻게 해야 하는 거지? 이 세상에 이것과 비슷한 경험이 있을까? 마구 두근거리는 가슴을 부여잡고, 우리의 대화를 앞뒤로 되짚고 또 되짚었다.

그러는 사이 버스는 리조트에 도착했다. 체크인을 하고

내 방을 찾아갔다. 리조트 크기만큼 숙소까지 상당한 거리를 걸어야 했다. 걸으면서 대충이나마 훑어보려고 했지만, 일이 안중에 있을 리 만무했다.

내 방은 널찍하고 고풍스러웠다. 기대했던 대로다. 여행가방을 침대 발치에 세워놓고, 화장실로 가서 간단히 세안을 했다. 다시 침실로 돌아와 침대에 걸터앉았다. 전화기 쪽을 바라보는데 포장지에 싸인 상자 하나가 눈에 들어왔다. 나는 상자를 집어들었다. 상자 위에 '매티'라고 적힌 작은 카드가 리본 아래 꽂혀 있었다. 닉의 글씨체가 아니었다.

나는 포장지를 풀어 상자 안을 들여다보니, 하늘하늘한 천에 선물이 싸여 있었다. 천을 걷어내고 위아래가 붙은 하늘색 유아용 겉옷을 집어들었다. 앞에는 하얀색 양무늬가 들어가 있었다.

나는 봉투에서 카드를 꺼내고, 손글씨로 적은 글을 읽었다.

> 내 양은 내 목소리를 들으니
> 나는 그들을 알아보네.
> 그리고 그들이 나를 따르니
> 그들에게 영생을 주노라.

덧붙이는 글 1
목욕물을 버리다 아이까지 버리지 말라

영어 표현 중에서 재미있는 표현들을 가끔 만난다. "Don't throw the baby out with the bath water"라는 말도 그 중 하나이다. '목욕물을 버리다 아이까지 버리지 말라' 정도로 번역할 수 있겠다. 서양이나, 우리나라나 아이들을 목욕시키는 것은 다 비슷한가 보다. 아이를 큰 대야에 넣고 목욕을 시키고는 그 목욕물을 마당에, 또는 길가에 휙 뿌리는 모습이 눈에 선하다. 앗! 그런데 그 휙 뿌리는 물속에 아이도 함께 있다니! 이건 정말 끔찍한 표현이다. 구정물을 버리다가 소중한 아이까지 버리지 말라는 표현은, 비본질적인 것들을 비판하다가 본질적인 것도 부인하지 말라는 의미이거나, 중요치 않은 일에 문제 제기를 함으로써 정작 중요한 것을 놓쳐버리면 안 된다는 뜻일 것이다.

이 끔찍한 표현이 적용될 만한 일은 우리 일상생활에서, 사람들 간에 문제가 생길 때 쉽게 발견할 수 있다. 사람들 사이에서 문제가 생긴다는 것은 사실, 서로 다른 개성의 사람들이 살아가면서 피할 수 없는 일이고, 오히려 서로를 이해하여 좀더 원만한 관계로 나아갈 수 있는 기회이기도 하다. 그러나 대부분의 경우, 사람들은 상대방의 언행으로 인해 마음이 상하고 '다름'을 통해 서로를 이해하려 들지 않는다. '섭섭하다' '괘씸하다'는 감정싸움 때문에 한 단계 더 성숙할 수 있는 관계는 두 단계 더 나빠지곤 한다. 우리 사회에서 끊임없이 벌어지고 있는 편 가르기와 분쟁도 많은 부분, 상대방을 이해하려는 노력, 서로에게 귀 기울이려는 노력을 하지 않는 데에 있다. 마음이 언짢아져서 상대방의 태도와 동기를 의심하기 때문에 상대방이 진짜 말하고자 하는 내용도 함께 내던져 버리는 것이다. 목욕물을 버리다 아이까지 버리는 일이다.

이 표현이 정말 적합하게 적용되는 경우가 있는데, 예수의 경우가 바로 그렇다. 예수는 세계의 3대든 4대든 성인으로 꼽으면 반드시 꼽히는 사람이다. 특히 서구 문화에 끼친 영향력에 대해서 의심할 사람은 한 명도 없을 것이다. 서구 문화를 조금 더 자세히 들여다보면, 이 예수를 만난 사람들, 그로 인해서 가치관과 지향점이 바뀐 사람들이 그 속에서 매우 중요한 역할을 감당했다는 것을 알 수 있다. 그런데 재미있는 것은, 사람들은 이러한 선한 영향력과 그 영향력을 끼친 장본인인 예수 자신에 대해서는 관심을 별로 가지지 않고, 서구 역사 속에 있었던 기독교의 부정적인 모습들에 대해서는 꽤 많은 지식을 가지고 있다는 것이다. 또 그것들을 비판하다가 예수에 대해서는 진지하게 질문해볼 생각조차 가지지 않는다는 것이다.

사람들은 자신의 종교를 강요하기 위해서 다른 종교를 말살한 '십자군 전쟁'을 기억한다. 미신과 편견, 그리고 독선으로 '마녀 사냥'을 저질렀던 역사를 떠올린다. 양심과 평범한 상식조차 무너뜨린 '종교 재판'과 세속 권력과 끊임없이 암투를 벌인 '교회', 그리고 제

국주의의 앞잡이가 되어 고요히 사는 세상을 풍비박산 낸 장본인으로 '선교사'들을 떠올린다.

오늘날에는, 세상의 고통과는 상관없다는 듯 아름답고 호화롭게 지어진 교회 건물, 더 많은 복을 받으려고 안달하는 교인들과, 종교 권력을 지키기 위해서 싸우는 종교인들, 안과 밖이 다른 위선으로 가득한 신앙인과 고집스럽게 배타적이기만 한 교인들, 그리고 우리 문화를 무시하고 단군상 등에 테러를 가하기까지 하는 광신도들을 생각한다.

세상의 모든 사상과 종교와 철학이 그렇지만, 그 좋은 것들을 이용하여 자기 잇속을 챙기는 사람들은 늘 있어왔다. 거기에 사람들의 무지가 더해지면, 자신들이 알고 있다고 생각하고, 믿고 있다고 생각하는 선조차 악으로 둔갑되는 경우가 허다하다. 기독교의 역사는 기실, 한편으로는 예수를 진정으로 따르는 자들, 그리고 다른 한편으로는 예수를 따른다지만 무지 속에서 용감해진 사람들과 예수를 위한다는 미명하에 자신의 영광을 좇은 사람들의 이야기로 가득 차 있다. 후자가 생산해낸 결코 자랑스럽지도, 아름답지도 않은 이야기에 온통 마음이 빼앗겨 버린다면, 그래서 예수도 함께 버린다면 정말 안타까운 일이다. 안타까움을 넘어, 오늘날 교회와 그리스도인들의 무지와 오만으로 인해, 사람들이 예수를 찾아나서는 일에 걸림돌이 되는 것에 대해, 나는 사과라도 하고 싶다. 할 수만 있다면.

하지만, 나는 감히 사람들에게 이 예수를, 그 많은 걸림돌에도 불구하고 심각하게 마음으로 다시 한 번 생각해보라고 말하고 싶다. 구정물 때문에 아기를 버릴 수는 없는 것 아니냐면서. 마하트마 간디도 '나는 예수를 사랑한다. 그러나 크리스천은 싫어한다. 왜냐하면 그들은 예수를 닮지 않았기 때문이다'라고 말한 바 있다. 간디는 예수의 가르침이 인류가 가진 가르침 중에서 가장 위대한 가르침이라고 믿었고, 특히 예수의 '산상수훈'(마태복음 5~7장)을 그 중에서 최고로 꼽았다. 간디는 이런 저런 통로를 통해서 예수에 대해서 상세히 알고 있었기 때문에 '아이'와 '구정물'을 구별할 수 있었던 것 같다. 하지만, 일반적으로 사람들은 예수가 무엇을 가르쳤고, 어떤 삶을 살았는지에 대해서는 잘 모른다. 더더욱 안타까운 일은, 기독교인이라고 자청하는 사람들조차, 예수에 대해 잘 모르는 경우가 많다는 것이다.

어떤 사람을 이해하려고 한다면, 그에 대해서 말하거나 그를 연구한 사람들의 이야기를 듣고 읽기 보다는, 그 사람 자신이 한 말을 진지하게 들어보는 것이 가장 좋다. 신약 성경의 앞부분의 네 권의 책(마태복음, 마가복음, 누가복음, 요한복음)에서 예수의 동시대 사람 네 명이 각각 자신의 시각에서 예수에 대하여 기록해 놓았다. 한 사람에 대한 단 한 명의 평가는 늘 어느 한 쪽으로 기울 수밖에 없을 것이다. 그러나 신약 성경은 네 명의 기록을 담고 있다. 마태와 요한은 직접 예수를 따라다니던 제자였고, 마가와 누가는 예수를 따라다니던 제자와 함께 일했던 사람들로서 예수에 대한 역사적인 자료들을 가지고 있었다.

이 네 명의 기록이 얼마나 진실했는가, 또 그 내용이 후대에 어떻게 첨삭, 왜곡되었는가라는 온갖 '음모 이론'이 많이 회자되고 있다. 재미있는 것은 세계 문명의 중요한 여러 책들(금강경, 도덕경, 그리스 철학자들의 글들)의 신뢰도에 대해서는 의혹이 없는데, 유독 성경에 대한 의혹은 끊임없이 제기된다는 것이다.

　나는 사람들에게 신약 성경의 앞부분, 예수에 대한 이야기들을 주의 깊게 읽어보라고 권하곤 한다. 특히 요한복음을 읽으라고 권한다. 요한복음을 읽을 때는, 세 가지 관점으로 보면 도움이 된다. 첫 번째는 사람들이 예수를 누구라고, 또 어떻게 묘사하고 있는가이다. 두 번째는 예수 자신이 자신을 누구라고, 또 어떻게 묘사하고 있는가이다. 세 번째는 예수가 우리와 비슷한 사람들을 어떻게 만나고, 왜 죽음을 자초하였는가이다.

　오늘날도 사람들은 예수에 대하여 관심을 갖는다. 그것은 우리들 주변에 예수로 인하여 변화된 사람들, 삶의 비전을 가지고 줄기차게 그 삶을 살아가는 사람들, 사랑이 무엇인지 알고, 그 사랑을 나누어주려는 사람들을 만나기 때문일 것이다. 그리고 그들은 그들의 삶의 비결이 바로 예수에게 있다고 고백하며, 이미 죽은 성인으로 여겨야 할 예수를 살아있는 사람 사랑하듯 사랑한다. 자신이 왜, 어떻게 살아야 하는지를 잘 알고 있는 사람들이라면, 예수를 생각해볼 필요도,

여유도 없을 것이다. 자신이 발견한 삶의 길을 열심히 달려가면 될 테니까. 하지만, 자신의 삶에 한계를 느끼고, 좀더 분명하고 의미 있는 삶을 살기를 원한다면, 예수를 생각해보라고 권하고 싶다. 지난 이천 년 동안 전세계의 수많은 사람들의 인생이 그를 만난 후에 바뀌었으니까 말이다.

불행히도, 버려야 할 '구정물'이 적지만은 않다. 그렇다고 '아이'도 휙 던져버릴 수는 없지 않은가?

김형국 목사 **나들목교회 담임목사**

덧붙이는 글 2
당신이 믿는 그런 하나님이라면 안 믿겠어요!

이런 우스개 소리가 있다. 어느 주일 아침 70대의 노모와 40대 중반의 아들이 승강이를 벌이고 있었다. "빨리 일어나서 교회 가라!"는 어머니와 "교회 가기 싫다!"는 아들이 몇 차례 이불을 서로 당기며 실랑이를 벌이던 끝에 아들이 먼저 말했다.

"어머님, 제가 교회 가기 싫어하는 이유 세 가지를 댈 테니 합당하면 저 좀 그냥 놔두세요!"

"그래 그게 뭐냐, 어디 이야기해보아라."

어머니가 말하자, 아들이 대답했다.

"첫째, 너무 피곤해서 오늘은 좀 쉬었으면 좋겠어요. 둘째, 장로님들의 기도가 너무 길고 지루해요. 창세기

부터 요한계시록까지 죽 설교하듯, 성경 공부시키듯 하는 기도 이젠 듣기가 싫어요. 셋째, 찬양대의 불협화음도 듣기에 지쳤어요."

이에 어머니는 "잘 알았다. 충분히 이해가 간다. 그럼 이제부터 내가 교회에 꼭 가야 하는 이유 세 가지를 댈 테니 그것이 맞으면 벌떡 일어나야 한다. 알았지? 첫째, 주일은 꼭 지켜야 하니까 교회에 가야 한다. 둘째, 교회는 사람을 보러 가는 것이 아니라, 하나님께 예배드리러 가는 곳이니 가야 한다. 셋째, 가장 중요한 것은 네가 그 교회 담임목사니까 꼭 가야 한다"라고 말씀하면서 이불을 확 젖혔다는 이야기다.

노모와 아들의 경우는 재미있게 지어낸 이야기지만, 가정에서 교회 가는 문제 때문에, 혹은 신앙의 차이 때문에 갈등이 발생하는 경우가 제법 많다. 이렇게 종교 차이로 친구나 직장 동료, 가까이로는 한 집에 사는 가족과 갈등이 생겨 고민하는 사람을 만날 때마다 나는 한 남자의 경험담을 들려준다.

"난 당신이 믿는 그런 하나님이라면 안 믿겠어요!"

날카롭게 쏘아붙이는 아내의 말에 나는 화가 치밀어 올랐지만 꾹 참고 교회로 발길을 돌렸다. 사태는 더욱 악화되어가고 있었다. 열심히 교회를 다니면 모든 일이 다 잘 될 줄 알았는데 그렇지 않았다. 나는 자동차 운전석에 힘없이 앉아 가만히 눈을 감고 생각했다. 연애 결혼한 아내와 20여 년을 살아오면서 비교적 순탄한 결혼 생활을 해왔고 자녀 둘은 다 장성하여 별 걱정 없는 노후를 맞이하면 되었다.

그러던 어느 날 나는 친구의 권유로 교회라는 곳에 가보면서 사정이 달라졌다. 그동안 주중에는 열심히 회사에서 일하고, 주말에는 가족을 위해 좋은 남편, 좋은 아버지 역할을 나름대로 충실히 해왔다. 하지만 나는 늘 뭔가에 쫓기는 듯한 삶을 살아오면서 늘 어딘가 허전함을 느끼고 있었다. 나이가 쉰에 가까워 오니, '이것이 다인가?' 하는 생각이 들기 시작했다. 그러다 친구의 권유로 전도초청 집회를 가게 된 것이다. 첫날 '당신은 진정한 친구가 있는가?' 라는 질문에 나는 큰 충격을 받았다. 곰곰이 생각해보니 내 인간관계는 다 거래 관계, 직장 관계였지 진정한 친구가 없었던 것이었다. 늘 경쟁 속에서 긴장 관계였을 뿐 마음 푸근한 친구, 인생의 문제에 대해 이야기할 수 있는 친구가 없었다. 다음

날, 나는 '우리에게 진정한 쉼이 필요하다'는 메시지에 마음이 열리기 시작했고, 마지막 날, '영원한 친구가 바로 예수이며, 예수를 만나야 진정한 쉼을 얻을 수 있다'라는 말에 고개를 끄덕이게 되었다.

나는 그 후로 독실한 크리스천이 되었다. 주일 예배는 물론 수요 예배, 금요 철야 기도, 주중에 있는 성경 공부에도 열심히 참석했다. 식사 시간이 되면 꼭 감사 기도를 드렸고, 집에서 늘 혼자 방에 앉아 성경을 보곤 했다. 곧, 문제가 일어나기 시작했다. 가장의 갑작스런 변화로 가정이 술렁이기 시작했다. 나는 말씀 공부에 전념하느라 가족과의 대화가 줄어들었고, 반면 일요일만 되면 온 가족을 교회로 데리고 가려 했다. 그러나 자녀들은 이미 다 커서 말을 듣지 않았다. '아버지, 약속이 있어서요. 다음에 갈게요.' '아버지, 어제 리포트 쓰느라 너무 늦게 자서 피곤해요. 오늘은 도저히 안 되겠어요.' 아내도 만만치 않다. 불교적인 전통 속에서 자란 아내는, 자신이 남편을 따라 교회를 간다는 상황은 상상하지도 않았다.

결국은 혼자 다니게 되었다. 혼자 교회를 가면서, 나는 섭섭한 마음이 들었다. '다 자기들 위해서 가자고 하는 건데. 내 마음을 이렇게 몰라주다니'라고 생각하며 못마땅해했고, 집안의 부적 등 모든 반기독교적인 것은 다 없애버렸다. 가족들의 충격은 점점 심해졌다. 세상 문화를 즐기면서 살던 아버지, 남편이 하루아침에 세상 문화는 다 속된 것이라며, 주말에는 전혀 다른 약속은 잡지도 않고 교회에서 살고, 또 식사 때마다 기도한다고 붙들어 앉혀놓고 밥과 국이 다 식도록 기도를 하고 있으니. '아니, 기도를 하려면 좀 짧게나 하지. 기껏 밥과 국을 따뜻하게 덥혀놓았는데…….' 아내의 짜증도 늘어갔다.

오히려 교회 안 다닐 때는 다정하게 지내다가 교회 나가면서 부부 사이가 이상해지기 시작한 것이다. 나는 '이것은 다 영적 전쟁이다. 우리 가족의 구원을 방해하는 사탄의 음모이다'라고 생각하고 더욱 열심히 신앙 생활을 하고 새벽 기도까지 다니기 시작했다. 결국 어느 주일 아침, 교회에서 부부 모임이 있어서 '오늘 부부 모임이 있는 데 같이 가자'라고 했더니, 아내가 정색을 하면서 '싫어요. 난 교회 안 가요. 당신 혼자 가세요'라고 하는 것이었다. '도대체 왜 안 간다고 그러는 거야? 도대체 뭐가 문제야?' 내가 화를 내며 묻자 아내가 한 말이 바로, '난 당신이 믿는 그런 하나님이라면 안 믿겠어요!' 라는 말이었다.

  그 남자는 아내의 말을 듣는 순간 자신이 얼마나 어리석었는지를 깨달았다. 그리고 남편으로서의 정체성, 아버지로서의 정체성을 확인하고 무엇이 문제였는지 생각해보기 시작했다. 문제는 바로 자신에게 있었다! 그는 더 이상 가족에게 교회 나갈 것을 강요하지 않았다. 먼저 자신이 잘못한 점을 가족에게 진심으로 사과했고, 늘 부드러운 웃음으로 가족을 대하고, 아내를 위해서 설거지도 하고 집안 청소도 하고, 생활에서 모범을 보이려 노력했다. 자신이 진정으로 변하는 것, 자기가 경험한 은혜를 그대로 가족에게 경험시키기 위해 최선을 다하는 것, 그것이 가족에게 할 수 있는 최고의 전도였던 것이다.

어느 날 내가 교육을 받고 있던 아버지학교에 아내를 초대했다. 교회로 가자면 거절할까 봐, 회사 간부들의 부부 모임이 있다고 둘러댔다. 그러나 아내는 이내 눈치를 채고 말았다. 몇 주 전부터 태도가 달라지고 안 하던 짓을 하더니, 이런 속셈이 있었구나, 하는 생각을 하는 눈치였다. 그러나 아내는 가만히 있었다. 아마 '도대체 저 사람이 저렇게 변하고 있는 이유는 뭘까?' 하는 호기심도 들었던 모양이다.

그날 모임에는 남편이 아내에게 쓴 편지를 읽는 순서가 있었다. 나와 아내는 앞으로 나가 내가 아내에게 쓴 편지를 함께 낭독하기 시작했다. 그리고 나와 함께 편지를 읽던 아내는 곧 목이 메었고, 우리 두 사람의 눈에서는 모두 눈물이 떨어졌다.

"여보 내가 모자라서 그렇게 당신을 힘들게 만들었소. 당신에게 교회 가자고 강요한 것도 내 잘못이오. 나를 용서해 주구려. 나는 정말 당신을 사랑하오. 교회 다니는 지금 이 순간도 당신을 어느 누구보다 사랑하오. 난 늘 당신 곁에 있었고, 앞으로도 그럴 것이오. 내가 가슴 아픈 것은 나는 예수님을 만나 이제 새로운 생명, 평안, 기쁨으로 충만한데 그것을 당신에게 나눠주지 못하는 것이 안타까울 뿐이오. 난 영원히 당신과 함께하고 싶소. 한 하나님을 믿으며, 함께 둘이 같은 길을 걸어갔으면 하는 것이 나의 바람이오……'

하나님이 천지창조의 가장 최후의 순간, 최고의 명

품으로 '가정'을 만들어주신 것은 가정을 통해서 행복하길 원하셨기 때문이다. 결혼은 '하나님의 아이디어'다. 하나님은 결혼 제도의 원리를 이렇게 말씀하셨다. '남자가 부모를 떠나 아내와 연합해서 둘이 한 몸을 이루어야 한다.' 이는 영적인 연합, 정서적 연합, 육체적 연합을 통해 한 몸을 이루라는 것이다. 로렌스 크랩은, '영적 연합은 안정감의 인격적 필요를 채워주실 분으로 오직 예수님을 신뢰하는 것이며, 정서적 연합은 상대방이 그리스도 안에 있는 자기 가치를 더욱 깊이 인식할 수 있도록 돕기 위해 나의 배우자를 섬기는 것이며, 육체적 연합은 인격적 관계의 표현과 연장으로 성적 즐거움을 함께 누리는 것이다'라고 말했다.

결혼은 영적인 연합의 기초 위에 정서적 연합과 육체적 연합이 이루어져야 한다. 생 텍쥐페리는, '사랑은 서로 마주 보는 것이 아니라 같은 방향을 바라보는 것이다'라고 말했다. 하나의 믿음을 갖는 것, 그것이 행복한 가정의 기초를 쌓는 것이다.

가끔 나는 '천국이 있다고요? 증명해보세요. 하나님

이 살아계시다고요? 증명해보세요'라는 질문을 받는다. 내가 그것을 증명할 수 있다면 그분은 더 이상 하나님이 아니시다. 그럴 때, 나는 웃으면서 이렇게 대답한다. '하나님이 계시다는 것도 믿음이요, 안 계시다는 것도 믿음입니다. 천국이 있다는 것도 믿음이요, 없다고 하는 것도 믿음입니다. 그러나 천국이 있다고 믿고 사는 사람은 이미 천국을 누리고 살다가 진짜 천국이 있을 경우, 횡재하는 것이고, 없어도 손해볼 것은 없지 않습니까? 천국이 없다고 생각하고 살면 지상에서도 천국을 누리지 못하고 살다가, 진짜 천국이 있을 경우, 얼마나 원통하고 분하겠습니까? 하나님이 안 계시다고 주장하는 사람은 하나님의 은혜를 누리지 못하고 살고, 하나님이 계시다고 믿는 사람은 그분의 은혜를 누리며 사는 것이지요. 그것이 바로 천국이랍니다.'

　기독교는 종교나 철학이 아니다. 믿음이며, 관계와 삶의 방식에 관한 것이다. 그래서 파스칼의 말처럼 기독교는 논증의 문제가 아니라 선택과 결단의 문제다. 믿음은 문화, 전통, 이성, 또는 감정을 초월해서 최고의 가치, 최고의 권위자를 선택하고 믿기로 결단하는 것이다. 종교나 철학은 알고 믿게 되지만, 기독교는 믿고 알게 되는 신비한 것이다.

'만일 여호와를 섬기는 것이 너희에게 좋지 않게 보이거든 너희 열조가 강 저편에서 섬기던 신이든지 혹 너희의 거하는 땅 아모리 사람의 신이든지 너희 섬길 자를 오늘날 택하라 오직 나와 내 집은 여호와를 섬기겠노라.' (여호수아 24:15)

김성묵 장로 두란노아버지학교 국제운동본부장

믿음을 구하는 이들을 위한 그룹 토론 가이드

이 가이드는 《예수와 함께한 가장 완벽한 하루》를 가지고 소그룹 토론을 할 때
활발한 의견을 이끌어낼 수 있는 발판으로 활용하도록 마련되었습니다.
토론을 하면서 자신에게 적합하다고 생각되는 질문들을
선택하고, 도움이 된다고 생각되는 부가적인 질문들을 덧붙여도 좋습니다.

1. 《예수와 함께한 가장 완벽한 하루》의 주제가 무엇이라고 생각하십니까? 그리고 그 주제는 자신의 인생과 어떻게 관련되어 있는지 설명해봅시다.

2. 이 책의 어떤 면이 개인적으로 가장 큰 의미로 와 닿았습니까? 그 이유는 무엇입니까?

3. 책에 제시된 대로, 예수의 됨됨이 가운데 어떤 점이 가장 마음에 들었습니까? 그 이유는 무엇입니까?

4. 예수와 만나기 전 매티에게 인생의 가장 중요한 목적은 무엇이었을까요? 또, 예수가 매티에게 눈뜨게 한 인생의 목적은 무엇입니까?

5. 매티가 자신의 결혼 생활이 불만스럽다고 생각하는 이유는 무엇입니까? 매티가 남편 닉과의 관계에서 느끼는 절망감에 공감이 가는 면이 있습니까? 만약 자신의 경우라면 어땠을까요? 예수가 그녀에게 준 희망은 무엇입니까? 그 희망을 자신의 경우에는 어떤 의미를 갖습니까?

6. 예수는 이 책(88페이지)에서 '종교'라는 단어를 어떤 의미로 사용하고 있습니까? (특히 '저는 종교가 정말 싫습니다' 장에서) 예수는 종교가 무엇을 양산한다고 말하고 있습니까? 종교는 어떤 식으로 우리가 하나님과 진정한 관계를 맺지 못하도록, 오히려 하

나님으로부터 멀어지도록 만들어왔나요?

7. 예수는 사람들은(남자들의 경우에) '인간 그 자체가 아니라, 능력이 얼마나 뛰어난가로 사랑받아왔거든요'라고 말하고 있습니다.(54~55페이지) 당신은 사랑이 능력에 따라 달라지는 것이 아니라 무조건적이라고 생각하는 때는 언제입니까? 자신이 조건 없이 사랑받고 있다는 것을 알게 되면 자신의 삶에 어떤 영향을 끼칠 거라고 생각하나요?

8. 예수와 매티가 말하는 인생의 완전한 충족감에 대해 말씀해보세요. 개인적으로 이런 충만감을 어떤 것들에서 추구하고 있습니까? 그런 충만감이 궁극적으로 가져다주는 것은 무엇입니까?

9. 자신의 삶이 지금의 방향으로 계속 간다면, 생을 마감할 때 진정 후회 없는 삶을 살았다는 감회가 들까요? 그렇다면 그 이유는 무엇이고, 그렇지 않다면 또 그 이유는 무엇입니까?

10. 101페이지에서 예수는 '진정한 마음의 충족은 피조물의 영역에서 찾을 수 없다는 말을 하는 거예요. 오직 하나님만이 인간의 마음을 완벽하게 채워줄 수 있죠. 인간이 신을 필요로 하게끔 창조되었으니까요. 신이 아닌 무엇도 채워줄 수 없습니다'고 말합니다. 이 말이 당신의 삶의 방식에 어떤 의미로 와 닿습니까?

11. 매티가 부모로서 아이를 키우는 것에 대해 한 말에 공감하십니까?(83~85페이지) 당신이 부모라면 아이에 대한 당신의 사랑이 하나님의 당신에 대한 사

랑에 대해 무엇을 말한다고 생각하나요?

12. 예수가 메모첩에 쓴 성경 구절(112, 131페이지)을 다시 읽어봅시다. 이 구절을 바탕으로 당신에 대한 하나님의 마음을 어떻게 표현하시겠습니까?

13. 당신과 하나님 중에서 상대방의 마음을 추구하는 사람은 누구인가요? 하나님과의 관계에서 당신은 먼저 다가가는 쪽이 아니라 다가섬을 받는 쪽이라는 사실은 어떤 의미를 지닌다고 생각하십니까?

14. 124페이지에서 예수는 '하나님으로부터 한번 멀어진 인간의 마음이 생명과 선의 근본으로 되돌아가는 것은 쉽지 않습니다'고 말합니다. 이 말이 옳다고 생각하는 이유는 무엇입니까? 참된 삶의 근원

을 온전히 경험하지 못하게 막고 있는 것이 무엇입니까?

15. 예수는 매티에게 하나님의 말씀에 귀 기울이는 것이 얼마나 중요한지 말합니다. 내면의 가장 심오한 수준에서 하나님을 받아들여야만 들을 수 있다고 합니다. 하나님과 이런 교감이 이뤄졌다는 것(132~133페이지)을 예수는 어떻게 설명하고 있습니까? 이처럼 영원한 교감을 가져본 적이 있습니까?

16. 누군가의 말을 진정으로 들으려면 어떻게 해야 합니까? 하나님이 당신에게 말하고자 하는 것을 들으려면 어떻게 해야 할까요?

17. 책에서 예수가 말하는, 하나님 안에서 기쁨을 찾는

다는 것(116~117페이지)은 무슨 뜻입니까? 당신이 하나님 안에서 즐거움을 찾는다면 어떨까요? 만약 그런다면 자신의 인생이 어떻게 변할까요?

18. 매티의 여동생 줄리에 대한 얘기를 하면서 예수와 매티는 줄리가 겪은 고통에 대해 이야기합니다. 줄리에게 있어, 하나님을 받아들이는 것이 그녀가 겪어온 고통을 씻어주는 이유는 무엇일까요? 하나님의 사랑은 어떤 방식으로 모든 것을 치유할 수 있습니까?

19. 자신이 지금껏 살면서 겪어온 고통스런 순간들을 생각해봅시다. 다음 사실들은 고통에 대한 당신의 관점에 어떻게 영향을 미치고 있습니까?
   • 하나님은 인간이 지은 원죄에 대한 벌로 대신 죽음으로써 누구보다 큰 고통을 겪었다.

- 하나님은 하나님 자신과의 참된 사랑의 필요성에 눈뜨게 하기 위해서 당신의 고통을 이용하고 있다.

20. 매티가 하나님을 마음에 받아들이고, 하나님의 말씀에 귀 기울이며, 하나님의 사랑을 마음 깊이 깨닫게 될 때, 비로소 자신이 바라던 사람이 된다면 그 이유는 무엇일까요?

옮긴이의 말

예수, 카운슬러로 돌아오다

3월의 어느 날 이탈리아 레스토랑에서 뜻하지 않게 예수와 저녁식사를 하고 집으로 돌아간 닉 코민스키의 일상에는 그 후 어떤 일이 일어났을까?

이 일생일대의 사건이 닉의 일상에 어떤 변화를 몰고 올 것인지에 대해《예수와 함께한 저녁식사》에서는 주인공 닉의 선택에, 그리고 독자의 판단에 맡겨두었다. 다만 그의 인생이 지금까지와는 전혀 다르리란 것만은 분명했다. 그게 어떤 변화인지는 중요하지 않다는 듯, 《예수와 함께한 저녁식사》에 이어《예수와 함께한 가장 완벽한 하루》에서 닉의 아내에게 나타난 예수

역시 닉의 변화에는 관심이 없어 보인다. 그의 관심은 자고 일어나 보니 '예수쟁이'로 돌변해버린 남편을 보는 아내의 '기막힐 노릇'과 배신감이다. 물론 이것만으로 닉이 그날의 사건 이후로 어떻게 변했으리란 짐작은 가고도 남는다. 하나님을 마음에 받아들인 가족, 아직 그렇지 못한 남은 가족. 서로를 아끼고 사랑하라는 하나님조차도 이 가족 내의 간극을 치유하기는 쉽지 않아 보인다.

먼저 예수는 '예수를 믿는 남편을 이해해달라'는 부탁을 하러 찾아왔으리란 예상을 뛰어넘어 능숙한 '결혼 카운슬러'를 자처한다. 종교에 대한 불신에 친구처럼 공감하고, 결혼 생활에 대한 회의에는 가족의 중요성을 새삼스레 깨닫게 한다. 카운슬러의 뛰어난 면모를 보이는 대목은 바로 매티를 지금의 절망감으로 몰아넣은 남편 닉에게서 해답을 찾아주고자 하지 않는다는 데 있다. 대화의 초점은 닉과의 대화 때처럼 매티다. 따라서 문제해결의 실마리도 매티에게 있음을 자연스럽게 조금씩 깨닫게 한다는 것이다.

물론 아내는 남편만큼이나 호락호락하지 않았다. 고등학교 단짝 친구를 기독교에 빼앗긴 기억, 하나님의 존재를 부정할 수밖에 없었던 여동생의 불행한 삶, 일에 이어 예수에게 빼앗긴 남편……. 종교에 대한 증오와 불신이 최고조에 달한 그녀를 이 심상치 않은 여행 동반자는 아직까지 붉은 상처를 드러내고 있는 과거의 엉킨 시간으로 되돌아가게 한다. 그러나 예수는 평범한 카운슬러의 기교나 잔재주를 뛰어넘어, 응어리진 트라우마를 매티 스스로 응시하게 하며, 진심으로 가슴 아파하고, 같이 눈물을 흘린다. 그리고 '이렇게 살려고 태어난 게 아니지 않느냐'는 듯, 인생의 진정한 의미, 마음이 진정 갈구하는 '무엇'으로 얘기를 옮겨간다.

내 두 손바닥에 당신을 새겨 넣었습니다.
신랑이 신부에게서 환희를 맛보듯
저는 당신으로 인해 기쁘고 즐겁습니다.
그래서 내 가슴은 당신에 대한 그리움으로 사무칩니다.
언젠가 당신은 나를 '나의 남편'이라고 부를 테죠.

나는 당신과 영원히 부부가 되어
당신과 사랑으로 하나가 될 것입니다.

당신에게 닿고자 나는 영혼이 되었습니다.
나는 당신에게 양분을 주고, 고이 아껴줍니다.
당신을 위해 나를 내놓습니다.
당신을 위해 내 목숨을 바칩니다.

그 무엇이란 존재는 이 아름다운 시의 '나'라는 은유를 통해 하나님을 소개한다. 그리고 우리가 말하는 행복이라든가, 영혼의 안식처에 대한 해답을 찾은 듯도 하다고 생각할 즈음 예수는 홀연 사라진다. 자, 이제 매티는 어떤 선택을 할 것인가? 그것은 오로지 매티의 몫이지만, 처음부터 매티의 입장에 공감하며 이 낯선 카운슬러의 얘길 귀담아 들었다면 매티의 선택 또한 충분히 짐작할 것이다. 그건 곧 독자 자신의 선택이리라.

이번엔 포도주에 송아지 판타렐라가 아니라 말라비

틀어진 프레즐에 흔한 과일음료였지만, 성찬 못지 않은 영양가 풍부한 마음의 양식과 가슴 따뜻해지는 깨달음을 담고 있는 예수와의 인터뷰였다.

2006년 여름
서소울

"오늘 예수와 단둘이 마주 앉게 된다면 어떤 이야기를 하시겠어요?"

당신의 허기진 영혼을 위한 특별한 만찬

기독교의 새로운 고전
예수와 함께한 시리즈

"이렇게 흥미롭게 복음을 전한 책은 없었다!" _故 옥한흠 목사

예수와 함께한 저녁식사 *Dinner with a Perfect Stranger*

일반적인 종교 문제에서 시작해, 깊이 있는 신앙의 문제까지, 무신론자 닉이 자신을 예수라 지칭하는 한 사내와 나누는 놀랍고도 재미있는 이야기.
★아마존, 뉴욕 타임스 베스트셀러 ★교보문고 104주 연속 종교 베스트셀러 TOP10
서소울 옮김 | 159쪽 | 9,900원

예수와 함께한 저녁식사 2 *Night with a Perfect Stranger*

《예수와 함께한 저녁식사》 7년 후 이야기. 교회도 지겹고 삶도 버거운 사람들의 마음을 통째로 변화시킬 가장 중요한 대화. 더 깊고, 더 현실적이며, 더 풍성해진 메시지.
최종훈 옮김 | 196쪽 | 9,900원

예수와 함께한 직장생활 *The Next Level*

"사람들은 누구를, 무엇을 위해 일하는가?" 인생에 대한 근본적인 의문에 대한 답변. 인생의 목적에 대한 적절한 메시지를 발견할 수 있는 명쾌한 우화.
서소울 옮김 | 212쪽 | 9,900원